Nah dran ...

Berufswegeplanung

Autoren:
Heinz-Ulrich Wolf
Frank Henzler
Gerhard Tripodi

Schroedel

Nah dran ...

Berufswegeplanung

Autoren:
Frank Henzler, Gerhard Tripodi, Heinz-Ulrich Wolf

Unterrichtsmaterialien zu aktuellen Themen finden Sie
unter *www.schroedel-aktuell.de.*

Westermann Schroedel Diesterweg Schöningh Winklers GmbH, Braunschweig
www.schroedel.de

Druck A ^{1} / Jahr 2011
Alle Drucke der Serie A sind im Unterricht parallel verwendbar.

Redaktion: Arno Zähringer
Herstellung: Andreas Losse
Umschlag und Innenlayout: boje5 Grafik & Werbung, Eckard Schönke, Braunschweig
Illustrationen: H.-J. Feldhaus, Münster
Satz: AndersARTig Werbung & Verlag GmbH, Braunschweig
Druck und Bindung: Westermann Druck GmbH

ISBN 978-3-507-**46344**-8

Nah dran ... – *Berufswegeplanung*

Start in die Berufswahl

Es ist gut, sich bereits früh für Berufe zu interessieren. Dann bekommt man rechtzeitig vor eigenen Entscheidungen einen Blick dafür, dass die Berufswelt sehr vielfältig ist und es viele Möglichkeiten gibt.

Dieses Kapitel bietet Anregungen, Berufe in der Familie und im Umfeld genauer zu erkunden und Berufstätige zu befragen. Wichtig für den Start in die Berufswahl ist, sich über die eigenen Interessen, Erwartungen und Stärken klar zu werden. Dazu gibt es in diesem Kapitel Hilfen. Wie die ersten Überlegungen zum Berufswunsch kritisch eingeschätzt und welche Faktoren die Berufswahl beeinflussen können, das sind weitere Themen dieses Kapitels.

Berufe in der Familie

Tante Doris – wir haben in der Schule über Berufe gesprochen. Wir sollen uns informieren, welche Berufe es in unserer Familie gibt. Darf ich dich fragen? Du arbeitest doch im AWO-Pflegeheim. Welchen Beruf übst du da eigentlich aus?

Ich bin Altenpflegerin.

?

Bei uns sind hilfsbedürftige alte Menschen untergebracht. Die pflegen, betreuen und beraten wir. Das ist die Hauptaufgabe einer Altenpflegerin.

?

Meine wichtigste Arbeit ist die Behandlungspflege, d. h., ich muss jeden Tag die Alten entsprechend der ärztlichen Verordnung mit Medikamenten versorgen, Verbände wechseln, Puls und Blutzucker messen und so.

?

Naja, ich würde mal sagen, dass man gerne mit Menschen umgehen mag. Verantwortungsbewusstsein gehört auch dazu – denke nur an die richtige Verabreichung von Medikamenten. Und körperlich belastbar muss man auch sein, z. B. wenn man bettlägerige Personen umbetten muss, damit sie nicht wund liegen.

?

Ich habe zuerst den mittleren Bildungsabschluss und dann eine dreijährige Vollzeitausbildung an der Berufsfachschule für Altenpflege gemacht.

?

Nun – daran denke ich im Moment noch nicht. Aber prinzipiell gibt es da schon Möglichkeiten, z. B. dass ich die Pflegedienstleitung in einem Heim übernehme.

Aufgaben

1 Patrik hat seine Tante zu ihrem Beruf befragt. Formuliere die Fragen, auf die sie geantwortet hat.

2 Welche Fragen hätte Patrik noch stellen können? Notiere.

3 Gruppenarbeit: Nutzt das Beispiel Patrik und stellt eine Reihe von Fragen zum Kennenlernen von Berufen zusammen. Vergleicht eure Vorschläge und einigt euch auf einen gemeinsamen Fragenkatalog.

4 Verwendet diesen Fragenkatalog zu Befragungen über Berufe in eurem familiären Umfeld (Eltern, Geschwister, Verwandte).

Berufe in der Umgebung

Aufgaben

1 Auf welche beruflichen Tätigkeiten weisen die Fotos hin? Notiere die Berufe.

2 Erkundet die Umgebung eurer Schule bzw. auf dem Weg zur Schule: Welche Hinweise auf berufliche Tätigkeiten findet ihr? Schreibt diese Berufe auf.

3 Versucht Näheres über diese Berufe zu erfahren. Arbeitet dazu in Zweierteams und benutzt den Fragenkatalog, den ihr erarbeitet habt.

M Methode: Informationsplakate gestalten

Arbeitsergebnisse aus Gruppenarbeiten, Erkundungen usw. können auf Plakaten präsentiert werden. Solche Informationsplakate haben den Vorteil, dass sie längere Zeit in der Klasse ausgehängt werden können und so sich jede Schülerin und jeder Schüler jederzeit über die Arbeit der anderen informieren kann. Zudem ist es möglich, im Unterricht immer wieder auf diese Ergebnisse zurückzugreifen. Wenn die Klasse es will, können die Plakate auch im Schulhaus ausgestellt werden, damit auch Schülerinnen und Schüler anderer Klassen die Möglichkeit haben, von den Ergebnissen zu profitieren.

Vorbereitung
Zuerst müssen die Informationen erarbeitet werden, die präsentiert werden sollen. Das hängt vom Unterrichtsthema und der verabredeten Arbeitsform ab. Wenn sich zum Beispiel jeder Einzelne über einen Beruf erkundigt hat, liegen viele Informationen vor. Dann sollte zuerst überlegt werden, wie man die vielen Einzelinformationen sinnvoll zu Gruppen zusammenfassen kann.

Es muss geklärt werden, wie die zu gestaltenden Plakate ausgehängt werden können. Zum Beispiel auf Pinnwänden oder am schwarzen Brett. Zur Vorbereitung gehört auch die Bereitstellung der benötigten Materialien. Dazu zählen Packpapier, Pappkarton, Tonpapiere, Stifte in verschiedenen Farben, Klebstoff, Schere, Lineal usw.

Durchführung
Die Arbeitsweise ist abhängig von der Anzahl der zu erstellenden Plakate. Wenn der Klasse beispielsweise fünf Pinnwände zur Verfügung stehen, können fünf Gruppen die gesammelten Informationen unter unterschiedlichen Aspekten aufbereiten und übersichtlich darstellen.

Bei der Präsentation von Berufen könnte eine Pinnwand Plakate über Handwerksberufe zeigen, eine andere kaufmännische Berufe usw.

Bei der Plakatgestaltung sollten diese Punkte beachtet werden:
- auffallende Überschrift
- nicht zu viel Informationsmaterial in kleiner Schrift
- übersichtliche Anordnung der Materialien (Texte, Fotos, Zeichnungen, Symbole usw.)
- vor dem Aufkleben Materialien zur Probe auf die Plakatfläche legen und durch Hin- und Herschieben die beste Gestaltung herausfinden.

10.1 Schüler gestalten ein Plakat.

Auswertung
Die fertigen Plakate werden von den Gestaltern vorgestellt. Gemeinsam wird dann der Inhalt besprochen und was an der Gestaltung gut ist bzw. was man beim nächsten Mal besser machen könnte.

Aufgabe

Gestaltet Informationsplakate zum Thema „Berufe in unserem Umfeld". Verwendet dazu die Ergebnisse der Befragungen in der Familie und der Erkundungen in eurer Umgebung.

Berufswege sind unterschiedlich

Weil sie gerne mit Kindern umgehen wollte, erlernte Susanne Goll vor 20 Jahren den Beruf der Kinderkrankenschwester. Sie hatte in verschiedenen Krankenhäusern gearbeitet, bis nach der Heirat das Töchterchen Sonja geboren wurde. Um Zeit zu haben, sich um ihr Kind zu kümmern, hörte Frau Goll mit der Arbeit auf. Als dann noch Sohn Ralf geboren wurde, war sie vollauf damit beschäftigt, die Kinder und den Haushalt zu versorgen.

Als die beiden Kinder jedoch in die Schule gekommen waren, überlegte sich Frau Goll, ob sie wieder erwerbstätig werden sollte. Zum einen wollte sie etwas verdienen, zum anderen wollte sie außer der Hausarbeit noch etwas anderes tun. Eine Halbtagesstelle als Kinderkrankenschwester kam nicht infrage, weil dies neben der Hausarbeit auf Dauer zu anstrengend sein würde.

Weil Frau Goll seit ihrer Jugend mehrere Instrumente spielt und ihr Musik große Freude macht, besuchte sie Lehrgänge an einer Musikakademie und legte auch Prüfungen ab. Heute gibt sie an der Jugendmusikschule wöchentlich zwölf Stunden Unterricht in Blockflöte und Gitarre.

11.1 Reporter berichten aus allen Bereichen des gesellschaftlichen Lebens.

11.2 Fernsehreporter ist für viele Jugendliche ein Traumberuf.

„Ich fand es früher immer ganz toll, wie die Fernsehreporter aus den verschiedensten Ländern berichteten. Ich stelle mir das sehr spannend vor – viel herumreisen, fremde Länder kennenlernen und dabei noch viel Geld verdienen. Doch wie wird man Fernsehreporter? Ich informierte mich allerdings nicht über den Beruf, sondern fing sofort bei einer Zeitung an. Aber das war nicht spannend. Nach einiger Zeit durfte ich Berichte über Vereinsfeiern, Geburtstage, entflogene Papageien und Verkehrsunfälle schreiben. Das ist nichts für mich, dachte ich und hörte auf.

Danach begann ich eine Ausbildung als Drucker. Dieser Beruf hatte aber nichts mit meinem Berufswunsch zu tun. Deshalb brach ich die Ausbildung ab. Daraufhin wollte ich Konditor werden. Aber leider reagierte ich auf Mehl allergisch. Also war das auch nichts. Nach verschiedenen Jobs arbeite ich heute in der Anzeigenabteilung einer Werbezeitung. Ich überlege ernsthaft, ob ich nicht doch eine Ausbildung bei einer Zeitung beginne. Das wäre immerhin so ähnlich wie Fernsehreporter. Inzwischen habe ich auch erfahren, dass viele Fernsehreporter studiert haben, aber dazu fehlt mir der richtige Schulabschluss."

Aufgaben

1 Berufswege sind unterschiedlich. Nicht jeder kann gleich das werden, was er möchte, oder sein Leben lang im erlernten Beruf bleiben. Werte unter diesen Gesichtspunkten die Beispiele aus und notiere die Gründe für die Veränderungen.

2 Nenne weitere Gründe für Veränderungen im Berufsweg.

M Methode: Interview

Wenn man einzelnen Personen Fragen stellt, spricht man von einem Interview. Beim Interview versucht der Fragende, mit dem Befragten in ein Gespräch zu kommen. Ziel ist, möglichst viel über das anstehende Thema vom Befragten zu erfahren. Dazu gehört die Fähigkeit, auch unerwartete Antworten aufzugreifen. Daraus können sich neue Fragen ergeben.

Schüler: Guten Tag, wir sind Schüler von der Schiller-Schule. Dürfen wir Ihnen einige Fragen stellen?
Befragte: Hm.
Schülerin: Im Unterricht beschäftigen wir uns mit Berufen. Wir sollen Erwachsene fragen, wie es mit ihrer Berufswahl war.
Befragte: Ach so.
Schüler: Wir lassen das Aufnahmegerät mitlaufen, damit wir nicht alles mitschreiben müssen.
Befragte: Ist recht.
Schülerin: Also: Welchen Beruf haben Sie erlernt? Und wie lange hat die Ausbildung gedauert?
Befragte: Drei Jahre.
Schülerin: Wie ist die Berufswegeplanung bei Ihnen abgelaufen?
Befragte: Berufswegeplanung? Was soll das denn sein?
Schüler: Na ja, das wissen wir auch nicht so genau. Unsere Lehrerin hat gesagt, dass wir danach fragen sollen.

12.1 Das Interview ist eine Möglichkeit, Informationen zu sammeln.

Tipp

- Vorher überlegen: Was wollen wir wissen? In welcher Reihenfolge wollen wir die Fragen stellen?
- Klären, wie die Antworten festgehalten werden.
- Beim Ansprechen der Befragungsperson zuerst erklären, wer man ist, und höflich um Erlaubnis zur Befragung bitten. Am Ende des Gesprächs den Dank nicht vergessen.
- Erklären, welches Ziel die Befragung hat.
- Nur Fragen stellen, die man selbst verstanden hat.
- Nicht mehrere Fragen auf einmal stellen.
- Nachfragen, wenn man etwas nicht verstanden hat oder wenn sich aus einer Antwort ein unerwarteter neuer Gesichtspunkt ergibt.

Aufgaben

1 Liste auf, welche der Tipps in dem Interviewausschnitt beachtet wurden und welche nicht.

2 Führt Interviews zum Thema „Mein Berufsweg". Beachtet die Tipps und überlegt, wie ihr die Befragungsergebnisse präsentieren könnt.

Motive für die Berufswahl

Ich will Maler/-in
und Lackierer/-in werden,
weil …

Fabian
- … mir der Beruf Spaß macht.
- … man an verschiedenen Orten arbeitet.
- … ich in der Schule gerne zeichne und male.
- … mein Freund das auch werden will.

Kadir
- … mein Vater den gleichen Beruf hat.
- … ich in den Ferien im Malerbetrieb meines Onkels gearbeitet habe.
- … auf einer Baustelle niemand merkt, wie lange und wie viel man arbeitet.
- … dieser Beruf krisensicher ist. Neue Farben und Tapeten braucht man immer wieder.

13.1 Wer einen Beruf ergreifen will, sollte sich über seine Motive zur Berufswahl klar werden.

Stefanie
- … ich schon mal bei unserem Nachbarn, der Maler ist, eine halbe Stunde mitgeholfen habe.
- … man sich in diesem Beruf selbstständig machen kann.
- … ich im Fach Bildende Kunst eine Eins habe.
- … ich etwas Gestalterisches machen möchte.

Antonia
- … ich zu Hause schon oft mein Zimmer tapeziert habe.
- … ich gerne mit Farben, Papier und Textilien umgehe.
- … ich etwas machen möchte, das mit Kunst zu tun hat.
- … man als selbstständige Malermeisterin viel verdient.

Meine Berufswahlmotive	Ist mir wichtig	Ist mir nicht wichtig
Ansehen des Berufs	…	…
…	…	…
…	…	…

Ansehen des Berufs • Hobbys verwirklichen • Arbeit an frischer Luft • Umgang mit Menschen • Angebot an Ausbildungsplätzen • Verdienst • Eignung • geringe Kosten der Ausbildung • Hilfe für andere Menschen • Aufstiegschancen • saubere Arbeit • spätere Arbeitsplatzsicherheit • Spaß am Beruf • Umgang mit Maschinen

Aufgaben

1 Welche Motive für den Berufswunsch „Maler/-in und Lackierer/-in" hältst du für sinnvoll, welche nicht? Begründe deine Meinung.

2 Lege ein Tabelle nach dem Muster oben an und trage links die Berufswahlmotive im Kasten ein. Kreuze dann deine Einschätzung an.

3 Denke über die Begründung deines vorläufigen Berufswunsches nach. Notiere deine Gründe.

M Methode: Placemat

Thema: „Ich möchte ... werden, weil ..."

Vorbereitung

Teilt die Klasse in Vierer- oder gegebenenfalls in Dreiergruppen auf. Jede Gruppe erstellt auf einem großen Bogen Papier ein Placemat. Placemat (engl.) bedeutet so viel wie Platzdeckchen oder Tischunterlage. In die Mitte des Papierbogens zeichnet jede Gruppe ein Viereck, in dem später die Ideen eingetragen werden, auf die sich die Gruppe geeinigt hat. Der restliche Platz wird so aufgeteilt, dass jeder in der Gruppe sein eigenes Feld zum Aufschreiben von Einfällen oder Gedanken hat. Das Placemat sollte bei einer Vierergruppe also etwa so aussehen:

Ablauf

1. Jede Gruppe sitzt um ihr Placemat herum am Tisch.
2. Die Lehrerin bzw. der Lehrer gibt das Thema bekannt und stellt eine Aufgabe oder Frage, beispielsweise: „Was fällt euch ein zu ..." oder: „Was versteht ihr unter ...?"
3. Jede Schülerin, jeder Schüler aus der Gruppe schreibt ihre, seine Einfälle zu der Aufgabe in das eigene Feld. Während dieser Einzelarbeit wird nicht gesprochen. Um die Antworten der einzelnen Gruppenmitglieder besser unterscheiden zu können, verwendet jedes Gruppenmitglied einen andersfarbigen Stift.
4. Danach werden die Einzelergebnisse in der Gruppe ausgetauscht, indem entweder jeder reihum seinen Text vorträgt oder jeder aus der Gruppe durch Drehen des Placemats die Texte der anderen Gruppenmitglieder liest.
5. Die Gruppe diskutiert die Antworten der einzelnen Gruppenmitglieder. Dann wird überlegt, wie man die Aussagen zu einem Gruppenergebnis zusammenfassen kann. Dieses wird in Stichworten im mittleren Feld des Placemats aufgeschrieben. Je nach Aufgabenstellung, Frage oder Thema kann es sinnvoll sein, die Stichpunkte nach ihrer Wichtigkeit zu ordnen und in eine Reihenfolge zu bringen.

Präsentation/Auswertung

Jede Gruppe stellt ihr Arbeitsergebnis der Klasse vor. Damit das Arbeitsergebnis möglichst gut von allen Mitschülerinnen und Mitschülern gesehen und gelesen werden kann, bietet es sich an, das mittlere Feld des Placemats auszuschneiden und an eine Pinnwand zu heften. Falls es gewünscht wird, kann aus den Gruppenergebnissen auch ein Klassenergebnis herausgearbeitet werden.

Aufgabe

Führt das Placemat zum Thema „Ich möchte ... werden, weil ..." durch.

Meine Selbsteinschätzung

A: Da heißt es immer: Der Beruf soll zu einem passen. Klar, aber wie finde ich das heraus?

B: Ganz einfach: Zuerst muss du wissen, was für ein Typ du bist.

A: Wie meinst du das?

B: Na ja, du musst deine Stärken und Schwächen erkennen, dir überlegen, was du gerne machst, deine Hobbys bedenken ...

A: Hobby, das ist klar. Ich mache nämlich Judo-Sport im Verein!

B: Also bist du gut in Form. Das ist ein Hinweis für deine Berufswahl: Berufe, in denen man fit sein muss, wären für dich kein Problem. Aber das wäre nur ein Hinweis, ein Gesichtspunkt von vielen. Am besten ist es, du schreibst dir solche Gesichtspunkte auf und schätzt dich dann selbst ein.

A: Aufschreiben? Kann ich mir das nicht einfach nur denken?

B: Aufschreiben ist viel besser. Erstens machst du dir dann mehr Mühe und deine Selbsteinschätzung wird genauer. Zweitens kannst du immer wieder nachschauen, denn deine Berufswahl dauert ja noch einige Zeit. Und drittens kannst du deine Freunde als „Kontrolleure" einsetzen.

A: Wie meinst du das?

B: Nun, das ist ganz einfach. Du kannst deine Tabelle, bevor du deine Einschätzungen einträgst, kopieren. Die Kopie gibst du deinem besten Freund und dann bittest du ihn einzutragen, wie er dich einschätzt.

A: Und dann vergleichen wir, ob unsere Einschätzungen übereinstimmen?

B: Ja. Wenn sie einigermaßen übereinstimmen, ist das eine Bestätigung. Und wenn nicht, dann solltest du deine Einschätzung kritisch überprüfen. Angenommen, du hast angekreuzt, dass du Tiere ganz toll magst, dein bester Freund aber meint, dass du Tiere überhaupt nicht gut findest – dann kann bei deiner Selbsteinschätzung etwas nicht stimmen.

Gesichtspunkte für eine Selbsteinschätzung

Was ich gerne mache
- im Freien arbeiten
- helfen
- beraten und informieren
- ?

Meine Stärken
- ich kann gut zuhören
- körperlich bin ich gut in Form
- mit meinen Fingern bin ich sehr geschickt
- üble Gerüche kann ich ertragen
- ?

Ich bin ...
- nicht leicht aus der Ruhe zu bringen
- sehr launisch
- verschwiegen
- auf mein Äußeres bedacht
- ?

Das mag ich
- Tiere
- Pflanzen
- Musik
- ?

Meine Interessen
- Gesundheit
- Umwelt
- Technik
- ?

Mögliche Bewertung

+ + = sehr große Zustimmung

+ = Zustimmung

0 = weiß nicht

– = Ablehnung

– – = große Ablehnung

Aufgaben

1 Gestalte aus der Vorlage eine Tabelle für deine Selbsteinschätzung. Notiere dabei weitere Gesichtspunkte.

2 Führe die Selbsteinschätzung wie beschrieben durch.

3 Ergeben sich daraus Hinweise für deine Berufswahl? Notiere stichwortartig.

Berufliche Interessen

Wer an seinen späteren Beruf denkt, hat Vorstellungen, Wünsche und Erwartungen. Eine Erwartung ist die, dass der Beruf interessant ist, dass man also seine Interessen auch im Berufsalltag verwirklichen kann.

Interessen können ein Wegweiser zum Wunschberuf sein. Es lohnt sich daher, über seine beruflichen Interessen nachzudenken. Allerdings: Nicht aus jedem Hobby kann ein Beruf werden. Es wird auch kaum möglich sein, einen Beruf zu finden, zu dem alle Interessen passen. Und: Bei der Berufswahl geht es nicht allein um Erwartungen und Interessen. Genauso wichtig ist die Frage, ob man für den Wunschberuf auch geeignet ist, ob man also über die geforderten Fähigkeiten verfügt. Dennoch ist es sinnvoll, sich über seine beruflichen Interessen im Klaren zu werden, weil so die Vielfalt der beruflichen Möglichkeiten eingegrenzt wird.

Interessen

Ⓐ anbauen/züchten

Ⓑ bauen/Material bearbeiten

Ⓒ bedienen/verkaufen/werben

Ⓓ dokumentieren/verwalten

Ⓔ dolmetschen/übersetzen

Ⓕ kalkulieren/rechnen

Ⓖ Maschinen steuern und bedienen

Ⓗ messen/prüfen/untersuchen

Ⓚ planen/organisieren

Ⓙ pflegen/helfen/erziehen

Ⓘ montieren/reparieren

Ⓜ reinigen

Ⓛ programmieren/EDV-Systeme einrichten und verwalten

Ⓞ tanzen/musizieren/Theater spielen

Ⓝ sichern/schützen

Ⓠ zeichnen/gestalten/fotografieren

Ⓟ verpacken/transportieren

Ⓡ zubereiten/kochen

Beispiele

1 Du kannst gut Kopfrechnen. An der Kasse rechnest du aus, was der Einkauf ungefähr kostet.

2 Beim Abwasch zu helfen oder dein Zimmer sauber zu machen, ist für dich kein Problem. Du hältst deine Sachen gern sauber.

3 Wo der Werkzeugkasten deiner Eltern steht, weißt du. Denn du bringst alles auf Vordermann, was kaputt ist – zum Beispiel den Platten am Fahrrad.

4 Du hilfst deinen Eltern gern im Garten. Du kümmerst dich freiwillig um euer Haustier, gehst beispielsweise Gassi mit dem Hund und fütterst ihn regelmäßig.

5 Du arbeitest sehr genau und löst auch gern knifflige Aufgaben. Naturwissenschaften sind deine Lieblingsfächer, vor allem wegen der Versuche.

6 Essen zubereiten ist deine Leidenschaft. Du backst regelmäßig Kuchen. Oder du kochst gerne freiwillig das Abendessen bei euch zu Hause.

7 Du bist beispielsweise Mitglied in einer Tanzgruppe. Du singst in einem Jugendchor oder gehst in die Schauspielgruppe an deiner Schule.

8 Du hast einen Nebenjob als Babysitter/-in, bist Pfadfinder/-in oder Gruppenleiter/-in in der Pfarrgemeinde. Du hilfst Freunden gerne bei den Hausaufgaben.

9 Du bist ein guter Begleiter beim Shoppen. Du bist wortgewandt und kannst andere Menschen gut überzeugen.

10 Große Maschinen ziehen dich magisch an. Du findest es faszinierend zuzuschauen, wenn ein Kran bedient wird. Oder du würdest gerne einen Gabelstapler fahren.

11 Du hilfst gern, bei Umzügen Kisten zu packen und Möbel zu transportieren. Du hast Spaß daran, Geschenke schön einzupacken.

12 Du bist in deiner Clique der Manager/die Managerin. Du besorgst Kinokarten und planst Partys. Deine Termine vergisst du selten.

13 Unordnung gibt es bei dir nicht. Du sortierst deine digitalen Fotos immer sorgfältig und verwaltest sie in einem elektronischen Fotoalbum.

14 Du bist bei der Jugendfeuerwehr oder im Technischen Hilfswerk. Andere zu schützen liegt dir am Herzen.

15 Du machst gern Fotos mit deiner Digi-Cam. Du besuchst einen Zeichenkurs oder gestaltest in deiner Freizeit Schmuck.

16 Fremde Sprachen reizen dich. Du kommst mit Englisch gut klar und versuchst, im Urlaub deine Fremdsprachenkenntnisse anzuwenden.

17 Du bastelst gerne. Du baust Modellautos oder modellierst gerne z. B. Ton oder Speckstein.

18 Du interessierst dich für Computertechnik, liest Computerzeitschriften, schraubst an deinem Computer und versuchst dich auch im Programmieren.

(nach: Schritt für Schritt zur Berufswahl, hrsg. von der Bundesagentur für Arbeit, Ausgabe 2010/2011, S. 5 f.)

Aufgaben

1 Welches Beispiel gehört zu welchem Interesse? Notiere Zahl und Buchstaben entsprechend.

2 Welche von den 18 genannten Interessen hast du? Notiere sie.

3 Ergeben sich aus den von dir notierten Interessen Hinweise auf Berufswünsche? Welche?

Meine Fähigkeiten

Interessen können zu einem Wunschberuf führen. Man weiß dann, welche berufliche Tätigkeit einem gefallen könnte. Das ist jedoch nur der erste Schritt. Jetzt muss man herausfinden, welche Anforderungen dieser Beruf stellt und ob man diese Ansprüche erfüllen kann. Bei der Berufswahl müssen Neigung – also Erwartungen und Interessen – und Eignung zusammenpassen.

Mit Eignung ist gemeint, dass man über die Fähigkeiten verfügt, die der Beruf erfordert. Dabei geht es nicht um das Fachwissen, das man erst während der Ausbildung erlernt. Wie man eine Spritze verabreicht, lernt ein Krankenpfleger während der Ausbildung. Niemand erwartet diese Fähigkeit schon von einem Schüler. Der Krankenpflegerberuf erfordert aber auch Einfühlungsvermögen im Umgang mit den Patienten und Belastbarkeit.

Einfühlungsvermögen und Belastbarkeit sind allgemeine Fähigkeiten – man sagt auch Stärken –, von denen ein Jugendlicher schon bei der Berufswahl wissen sollte, ob er sie besitzt. Helfe ich gerne anderen Menschen oder mag ich das nicht – die Antwort darauf gibt einem Jugendlichen den Hinweis, ob Einfühlungsvermögen zu seinen Stärken zählt oder nicht.
Fähigkeiten oder Stärken werden oft auch als Schlüsselqualifikationen bezeichnet. Damit sind Fähigkeiten gemeint, mit denen man künftige Situationen gut bewältigen kann. Sie sind sozusagen der „Schlüssel" für die berufliche Zukunft. Ob man es Stärken, Fähigkeiten oder Schlüsselqualifikationen nennt – sie geben Hinweise, ob ein bestimmter Beruf zu einem passt. Welche jeweils verlangt werden, erfährt man durch Berufsinformationen und vor allem durch ein Praktikum. Vorher allerdings ist es gut herauszufinden, welche Fähigkeiten man besitzt.

Vanessa

Hannah

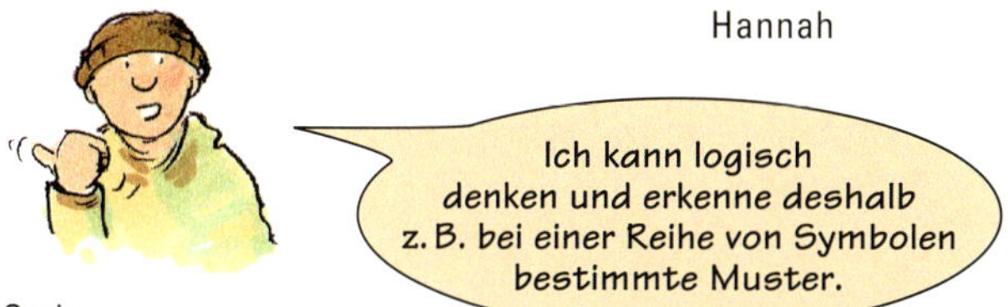

Cetin

Tim

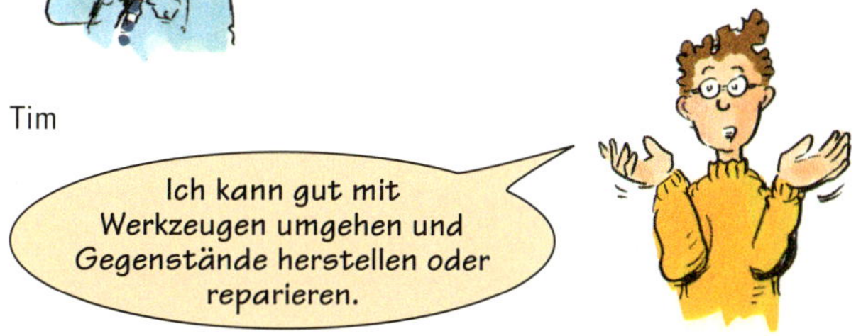

Daniel

Linus

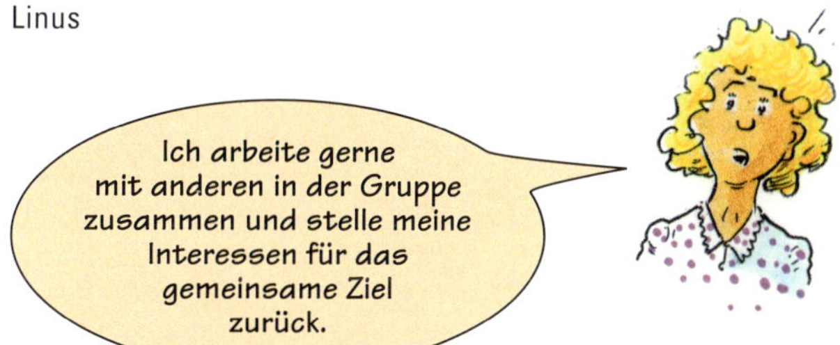

Jessika

Fähigkeiten
Textverständnis
Zusammenhänge erkennen
handwerkliches Geschick
technisches Verständnis
Organisationsfähigkeit
Einfühlungsvermögen
Selbstständigkeit
Sorgfalt
Konfliktfähigkeit
Teamfähigkeit
Kommunikationsfähigkeit
Belastbarkeit
Verantwortungsbewusstsein
räumliches Vorstellungsvermögen
mathematisches Verständnis

Tipp

Fertige von deiner Tabelle „Meine Fähigkeiten" eine Kopie an, bevor du ankreuzt. Bitte dann deine Mutter, deinen Vater, Verwandte oder Freunde, deine Stärken aus ihrer Sicht einzuschätzen. Vergleiche dann mit deiner Einschätzung.

Aufgaben

1 Vergleiche die Aussagen mit der Liste der Fähigkeiten. Notiere zu jedem Vornamen die Fähigkeit, die in der Aussage deutlich wird.

2 Fertige zur Einschätzung deiner Fähigkeiten eine Tabelle an. Trage links untereinander die 15 Fähigkeiten ein. Lege dann vier Spalten an: sehr stark entwickelt/stark entwickelt/weniger entwickelt/schwach entwickelt. Schätze dich dann durch Ankreuzen ein.

3 Welche Hinweise für deine Berufswahl ergeben sich aus deinen Stärken? Notiere.

Einflüsse auf die Berufswahl

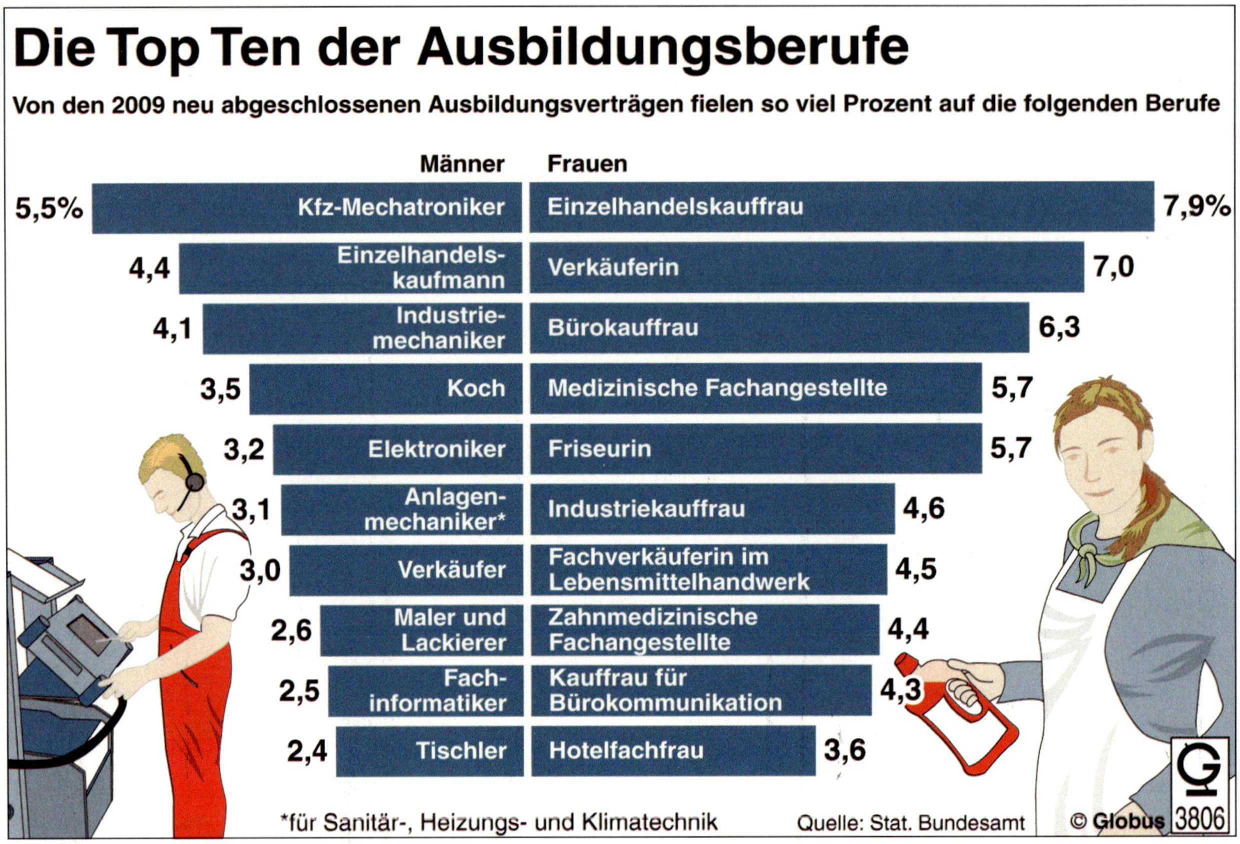

Tunnelblick auf Traumberufe

Jugendliche legen sich bei der Lehrstellensuche besser nicht nur auf den einen Traumberuf fest. Viele Schulabgänger drängen dem Bundesinstitut für Berufsbildung zufolge in die gleichen Berufe: Im vergangenen Ausbildungsjahr haben sich drei Viertel aller neuen Lehrlinge auf nur 44 der 349 dualen Berufe verteilt.

„Es lohnt sich, auch verwandte Berufe in Betracht zu ziehen“, rät Andreas Pieper vom Bundesinstitut für Berufsbildung (BIBB) in Bonn. „Da heißt es also, über den Tellerrand hinauszuschauen.“ Besonders stark ist das Problem bei jungen Frauen ausgeprägt: Bei ihnen entfiel ein Viertel der neuen Ausbildungsverträge auf nur vier Berufe. An erster Stelle steht dabei die Kauffrau im Einzelhandel. „Dabei gibt es gerade im kaufmännischen Bereich ganz viele Differenzierungen“, sagte Pieper. So biete es sich als Alternative an, etwa eine Ausbildung zur Kauffrau im Großhandel statt im Einzelhandel anzufangen.
Bei den Männern war der Industriemechaniker einer der Berufe mit den meisten neuen Lehrlingen im vergangenen Ausbildungsjahr. Auch hier gebe es etliche verwandte Berufe, erläuterte Pieper. Die Palette reiche vom Anlagen- über den Konstruktions- bis hin zum Zerspanungsmechaniker. (...)

(aus: Leipziger Volkszeitung, 13./14.02.2010, S. 13)

Vorsicht Vorurteile

„Bloß nicht der Beruf, der ist ja …!“ Vorurteile können in die Irre führen. Deshalb sollte jeder überprüfen, ob Vorbehalte gegenüber einem Beruf zutreffen. Wie diese die Entscheidung für oder gegen einen Beruf beeinflussen können, erzählt Simone. Sie ist Kauffrau für Spedition und Logistikdienstleistung am Hamburger Hafen.

Simone: Als es um meine Berufswahl ging, wusste ich genau, was mich interessiert. Ich wollte mit Leuten aus der ganzen Welt zu tun haben. Aber ich wollte auf keinen Fall in einem Büro arbeiten. Immer nur sitzen und Akten wälzen, totale Langeweile – so stellte ich mir Büroberufe vor. (…) Trotzdem machte Simone ein Praktikum bei einer Spedition.

Simone: Von wegen langweiliger Büroberuf! Kaufleute für Spedition und Logistikdienstleistung sind Organisationstalente. Wenn z. B. ein Schiff mit Kiwis aus Neuseeland ankommt, sorgen sie dafür, dass Lastwagen die Ware weitertransportieren: per Telefon und Fax mit Neuseeland verhandeln, mit der Supermarktkette in Deutschland den Liefertermin abstimmen, Zollpapiere ausfüllen. Wenn das Schiff einläuft, raus zum Hafen, alles klarmachen und mit den Lastwagenfahrern besprechen, wie die Ladung verteilt werden muss. Das hat mich beeindruckt. Dann hatte ich auch das Glück, dass in der Spedition ein Ausbildungsplatz frei wurde. Wenn ich heute dran denke, was ich mal von Büroberufen gehalten habe …

(aus: Mach's richtig, Interessen erkennen – Berufe erkunden, Agentur für Arbeit, 2005/2006)

Mut zum Unbekannten

(…) Wenig Zulauf von Auszubildenden haben Berufe wie Buchbinder oder Müller. Auch der Müller steht heute nicht mehr in seiner romantischen Mühle und wartet auf Wind, um Mehl zu mahlen. Der Beruf „Müller (Verfahrenstechnologe in der Mühlen- und Futtermittelwirtschaft)“, den die Deutsche Tiernahrung Cremer aus Düsseldorf ausbildet, ist hochtechnologisch. (…)

Das Werk in Düsseldorf bildet momentan drei Müller aus. „In der Regel bieten wir pro Jahr zwei Ausbildungsplätze je Werk an; wir konnten aber noch nicht einmal die Hälfte davon besetzen“, sagt Regina Müllers von der Deutschen Tiernahrung Cremer. „Wir haben die Erfahrung gemacht, dass die Jugendlichen und auch die Schulen, die zum Teil durch entsprechende Vertrauenslehrer auf eine Ausbildung vorbereiten sollen, sich sehr auf gängige, bekannte Berufe fixieren. Der Ausbildungsberuf Müller gehört nicht dazu. Außerdem haben die meisten Leute ein falsches Bild von diesem Beruf und den eventuell bestehenden Weiterbildungsmöglichkeiten. (…).“

(aus: Rheinische Post, 11. 9. 2010, N3)

Aufgaben

1 Eine Berufswahlentscheidung wird durch viele Faktoren beeinflusst. Werte die Materialien aus und formuliere je einen Rat für Jugendliche in der Berufswahl.

2 Fallen dir weitere Faktoren ein, die Einfluss auf die Berufswahl haben? Notiere.

Informationen und Beratungsangebote nutzen

Wenn man aus der Vielzahl der Berufe einige als Möglichkeiten für sich in die engere Wahl genommen hat, ist es sinnvoll, sich über diese vorläufigen Wunschberufe genauer zu informieren. Dazu kann man eine Vielfalt an Informations- und Beratungsmöglichkeiten nützen. Die Informationen, die man sich erarbeitet, engen den Kreis möglicher Berufe auf einen Wunschberuf ein, den man dann durch ein Praktikum genauer kennenlernen wird.
In diesem Kapitel werden unterschiedliche Wege dargestellt, sich über Berufe zu informieren. Ein Schwerpunkt sind dabei die Angebote der Bundesagentur für Arbeit. Wie man diese Informationen sinnvoll für sich nützt, ordnet und in die Festlegung auf einen Wunschberuf einbringt, sind weitere Themen dieses Kapitels.

Informationsmöglichkeiten

Für mich war das BIZ, also das Berufsinformationszentrum der Bundesagentur für Arbeit, wichtig. Da kann man hingehen und sich in aller Ruhe selbstständig über Berufe informieren.

Ich habe mich für Berufe im Handwerk interessiert. Deswegen rief ich bei der Handwerkskammer meiner Region an. Die haben mir eine CD mit Infos über mehr als 100 Berufe im Handwerk zugeschickt.

Mit haben die Berufswahlmagazine „planet-beruf.de“ gefallen, die von der Berufsberatung in der Schule verteilt wurden. Da gab es interessante Beiträge über Berufe und Tipps zur Berufswahl zu lesen.

Ich fand BERUFE.TV sehr hilfreich. Das ist ein Filmportal der Bundesagentur für Arbeit, durch das man online viele Berufe kennenlernen kann. Die Filme zeigen die beruflichen Tätigkeiten und Azubis berichten über ihre Ausbildung.

Bei uns gab es eine Berufswahlmesse für alle weiterführenden Schulen. Da konnte man an den Ständen mit Ausbildern und Auszubildenden sprechen und so ganz unterschiedliche Berufsbilder kennenlernen.

Mit hat das Selbsterkundungsprogramm BERUFE-Universum der Bundesagentur für Arbeit sehr geholfen. Da kann man online seine Interessen und Stärken eingeben und bekommt dann passende Berufe vorgeschlagen.

BERUFE.NET war für mich eine große Hilfe. Das ist eine Datenbank der Bundesagentur für Arbeit, in der man alles findet, was man über einen Beruf wissen möchte – von den Aufgaben und Tätigkeiten bis zu Verdienst- und Beschäftigungsmöglichkeiten.

Ich habe mich beim Girls`Day über technische und naturwissenschaftliche Berufe informieren können. Für meine Berufswahlüberlegungen waren das hilfreiche Informationen.

Die Industrie- und Handelskammer unserer Region hat den Schulen Informationsmaterial zur Berufswahl zur Verfügung gestellt. Für mich war besonders die Broschüre über neue Ausbildungsberufe interessant.

Ich habe mich in dem Buch „BERUF AKTUELL“ informiert, das wir in der Schule von der Bundesagentur für Arbeit bekommen haben. Das ist ein Lexikon aller Ausbildungsberufe.

Aufgabe

Welche dieser Informationsmöglichkeiten interessieren dich besonders? Warum?

Ratgeber bei der Berufswahl

Niemand weiß alles, aber es gibt eine Reihe von „Ratgebern", die einen bei der Berufswahl weiterbringen können. Man sollte deren Wissen und ihre Erfahrungen nutzen. Aber jeder sollte sich auch überlegen, was von wem erwartet werden kann, bevor man sich eine eigene Meinung bildet. Die Entscheidung, welchen Ausbildungsweg man wählt und welchen Beruf man schliesslich erlernt, muss jeder Einzelne für sich selbst treffen. Aber auf dem Weg dahin sollte man sich jeden Rat anhören, der zu bekommen ist.

Freundinnen und Freunde

Freundinnen und Freunde liegen auf der gleichen Wellenlänge wie du. Sie haben das gleiche Lebensgefühl. Mit ihnen zu reden ist total unkompliziert. Wenn einer einen Beruf richtig toll findet, kann das ansteckend sein. Aber wie es im Berufsalltag wirklich zugeht, das wissen Freunde meistens genauso wenig wie du. Und nicht alles, was den Freunden besonders liegt oder ihnen Spaß macht, muss auch für dich passen.

Praktiker

Tanten, Onkel, Nachbarn oder Eltern von Freunden: Wenn du dich umhörst, findest du bestimmt jemanden, der in dem Beruf arbeitet, für den du dich interessierst. So kannst du aus erster Hand erfahren, wie die Arbeit in diesem Beruf aussieht. Aber: Was dir Einzelne berichten, trifft zunächst nur auf sie zu. Ob andere Beschäftigte andere Meinungen haben und ob es in den Betrieben anders zugeht, bleibt offen. Denke daran, wenn eine Meinung „ganz toll" oder „unheimlich schlecht" ausfällt.

Berufsberaterinnen/ Berufsberater

25.1 Berufsberater/-innen helfen bei der Suche nach einem Ausbildungsplatz.

Sie sind Fachleute in Sachen Berufswahl: Du erfährst von ihnen, welche Berufe und Ausbildungen es gibt, welche Anforderungen gestellt werden, welche Betriebe Ausbildungsplätze anbieten und wie man sich bewirbt. Berufsberater hören aber auch zu, wenn du persönliche Probleme mit der Berufswahl hast. Du kannst erwarten, dass sie deine Gefühle ernst nehmen und die ganze Sache auch mit deinen Augen betrachten. Aber sie kennen dich nur aus den Beratungsgesprächen und sind deshalb darauf angewiesen, dass du offen über deine Stärken und Schwächen, Probleme und Ziele sprichst.

Eltern

Eltern sind älter! Sie haben nicht nur mehr Lebenserfahrung als du, sondern auch Berufserfahrung. Sie können dir genau beschreiben, was sie in ihrem Beruf erlebt haben. So kannst du besser einschätzen, worauf es in der Arbeitswelt ankommt. Allerdings haben Eltern meistens kein umfassendes Wissen über all die verschiedenen Berufsfelder und zu aktuellen Trends auf dem Arbeitsmarkt. Außerdem muss das, was sie sich für ihr Kind wünschen, nicht unbedingt das sein, was du möchtest.

Tipp

Es schadet nicht, viele Menschen zu einem Thema zu hören. Erst recht nicht, wenn es um so etwas Wichtiges wie die Berufswahl und die Wahl eines Ausbildungsplatzes geht.. Die Ratschläge anderer solltest du aber immer in erster Linie als Entscheidungshilfe und als Zusatzinformation sehen. Die grundsätzlichen Fakten – was passt zu mir, was kann ich, welche Möglichkeiten habe ich – musst du dir selbst erarbeiten. Und die Entscheidung treffen musst du zuletzt auch ganz allein. Denn die Ausbildung macht keiner deiner Ratgeber, sondern du.

Aufgabe

Notiere für jeden der vier möglichen „Ratgeber", was du davon hältst.

Selbsterkundungsprogramm „BERUFE-Universum"

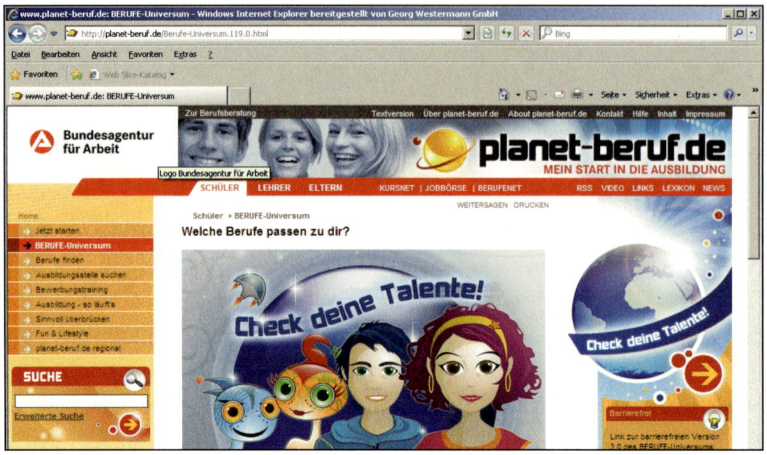

A Hast du schon mit dem Selbsterkundungsprogramm „Berufe-Universum" gearbeitet?

B Nö – warum denn?

A Interessiert es dich nicht, welche Berufe zu dir passen?

B Eigentlich schon. Wie geht das denn mit der Selbsterkundung?

A Du gibst im Internet www.planet-beruf.de ein und klickst dann auf der Startseite links oben „BERUFE-Universum" an.

B Und dann?

A Dann musst du erst ein paar Angaben machen – Alter, Schulbesuch und so – und dann kannst du deine beruflichen Interessen eingeben.

B Wie denn?

A Es wird eine Liste von 18 beruflichen Interessen gezeigt – „bauen/Material bearbeiten" und so. Da kannst du dann eingeben, was davon dich wie sehr interessiert. Dann kannst du dir eine Liste von Berufen ausdrucken, die zu deinen Interessen passen.

B Na ja – Interessen sind ja nicht das Einzige, was für die Berufswahl wichtig ist.

A Richtig! Deswegen gibt es in dem Programm noch drei weitere Schritte. Das Nächste ist die Einschätzung deiner persönlichen Stärken.

B Aha. Und wenn ich überall angebe, dass ich topp gut bin?

A Da betrügst du dich ja selbst, das bringt doch nichts! Damit man möglichst realistische Angaben macht, hat das Programm einen „Stärkencheck". Da kannst du vor der Eingabe Aufgaben bearbeiten, damit du dich richtig einschätzt.

B Und die anderen Schritte?

A Da musst du Fragen zum beruflichen Verhalten und zu deinen Schulnoten beantworten. Und dann bekommst du zum Schluss als Gesamtergebnis eine Liste von Berufen, die zu dir passen könnten.

B Da können ja welche dabei sein, an die man noch gar nicht gedacht hat.

A Genau! Aber das finde ich gut, weil ...

Aufgaben

1. Setze die letzte Antwort fort und formuliere die Begründung.
2. Arbeite mit dem Selbsterkundungsprogramm. Welche Hinweise für deine Berufswahl ergeben sich? Notiere.
3. „Ich lasse mir meine Berufswahl nicht von einem Computerprogramm vorschreiben!" Was kannst du dieser Meinung entgegenhalten?

BERUF AKTUELL sinnvoll nutzen

Nuray gestaltet gerne und interessiert sich sehr für das Theater. In der Schule spielt sie in der Theatergruppe mit und zwei ihrer im Kunstunterricht gefertigten Bilder hängen im Klassenzimmer. Nuray möchte wissen, ob es Berufe gibt, die irgendwie mit dem Theater zu tun haben und in denen man etwas gestalten kann. Um das herauszufinden, nutzt Nuray das Lexikon „BERUF AKTUELL" von der Bundesagentur für Arbeit. Das Buch ist mehr als 500 Seiten stark und informiert von A bis Z über alle Ausbildungsberufe.

Nuray ist klar, dass es keinen Sinn ergibt, ziellos im Buch herumzublättern. Sie weiß, dass für ihre Suche im hinteren Teil des Buches die Liste der Berufsfelder hilfreich ist. Dort findet sie 16 Berufsbereiche, die wiederum in Berufsfelder unterteilt sind. Nuray interessiert sich für den Berufsbereich „Kunst, Kultur, Gestaltung", zu dem sieben Berufsfelder gehören, darunter „Berufe rund um Bühne und Theater". In diesem Berufsfeld sind sechs Einzelberufe aufgelistet, darunter „Maskenbildner/-in". Über diesen Beruf will ich mich informieren, denkt Nuray und findet im vorderen Teil des Buches unter „M"diesen Text:

Maskenbilder/-in unterstützen Darsteller in Oper, Theater, Musical, Film oder Fernsehen dabei, in jede Rolle zu schlüpfen. In Absprache mit den Verantwortlichen für Regie, Bühnen- und Kostümbild und abgestimmt auf den Stil der Produktion entwickeln sie ein maskenbildnerisches (Gesamt-)Konzept. Für die jeweiligen Rollencharaktere entwerfen sie dann individuelle Masken und entwickeln die notwendigen Maskenteile. Neben Veränderungen durch Make-up und Frisur greifen sie zum Beispiel auf plastische Gesichts- und Körperteile, etwa für Fantasie- oder Tiermasken, Perücken, Haarteile oder Bärte zurück. Sie nutzen geeignete Utensilien aus dem Fundus, die sie gegebenenfalls aufarbeiten und den Darstellern anpassen, oder fertigen die Maskenteile in Handarbeit selbst. Zudem gestalten und verwirklichen sie Spezialeffekte wie Hautveränderungen, Aktionsverletzungen und Deformationen. Vor Beginn von Vorstellungen oder Dreharbeiten verhelfen sie den Künstlern z. B. durch Schön-, Charakter- oder Altschminken sowie durch Maskenutensilien zum gewünschten Rollenaussehen.

Nach den Auftritten schminken sie die Darsteller ab, reinigen Arbeitsmittel sowie Maskenteile, etwa Perücken oder Haarteile, und bewahren die Utensilien fachgerecht auf. Zur Kalkulation einer Produktion müssen Maskenbildner die Kosten des maskenbildnerischen Konzepts planen und im Laufe der Umsetzung Rechnungen, Arbeitsaufwände und Materialbedarf kontrollieren, um sicherzustellen, dass der genehmigte Etat eingehalten wird. Hauptsächlich arbeiten Maskenbildner an Theatern, Opernhäusern, bei Fernsehanstalten und Filmstudios, aber auch in Friseur- und Kosmetiksalons. Maskenbildner/-in ist ein anerkannter Ausbildungsberuf. Die bundesweit geregelte dreijährige Ausbildung wird im Bereich Bühne, Film und Fernsehen angeboten.

Nurays Fragen:
Wie lange dauert die Ausbildung?
Was ist die berufliche Hauptaufgabe?
Welche Tätigkeiten stehen im Vordergrund?
Muss man handwerklich geschickt sein?
Wo wird gearbeitet?

Aufgaben

1. Beantworte Nurays Fragen anhand des Textes aus BERUF AKTUELL.
2. Zu welchem Berufsfeld in BERUF AKTUELL gehört dein derzeitiger Wunschberuf? Werden weitere Berufe aufgelistet? Welche davon sind dir unbekannt?
3. Werte von einigen der dir bisher unbekannten Ausbildungsberufe in deinem Berufsfeld die Beschreibungen aus.

Berufsinformationen im Internet

Nuray will mehr über den Beruf Maskenbildner/-in wissen und gibt im Internet diesen Beruf in die Suchmaske von BERUFENET ein.
Es öffnet sich die Startseite, die in der Mitte eine Kurzbeschreibung des Berufs enthält und auf der rechten Seite Links zu Bildern, zu einem Film und zu einem Berufssteckbrief.

Für Nuray ist die linke Navigationsleiste besonders interessant, weil sie hier genaue Informationen zu acht Themen abrufen kann: Tätigkeit, Ausbildung, Abschluss-/Berufsbezeichnungen, Interessen und Fähigkeiten, Kompetenzen, rechtliche Regelungen, Informationsquellen, Rückblick (Geschichte des Berufs). Dazu gibt es wiederum Untergruppen, so z. B. beim Thema „Tätigkeiten" Informationen zu Arbeitsumgebung, Arbeitsmittel, Arbeitsbedingungen, Verdienst, Spezialisierung, Weiterbildung usw. Eine Menge Informationen, denkt Nuray.

Nuray hat jetzt viel über ihren Wunschberuf gelesen, möchte aber auch die Möglichkeit nutzen, dazu einen Film anzusehen. Sie ruft im Internet „www.berufe.tv" auf und gibt in der Suchmaske „Maskenbildner/-in" ein. Nuray kann jetzt typische Tätigkeiten, Arbeitsmittel, Arbeitsorte usw. im Film sehen. Besonders gefällt ihr, dass eine Auszubildende über die Anforderungen im Beruf und die Ausbildung zur Maskenbildnerin berichtet.

Info

BERUFENET ist eine Datenbank der Bundesagentur für Arbeit. Sie informiert über etwa 3 100 aktuelle Berufe, die 123 Berufsfeldern in 16 Berufsbereichen zugeordnet sind. Jeder Beruf wird umfassend beschrieben und durch berufskundliche Bilder illustriert.

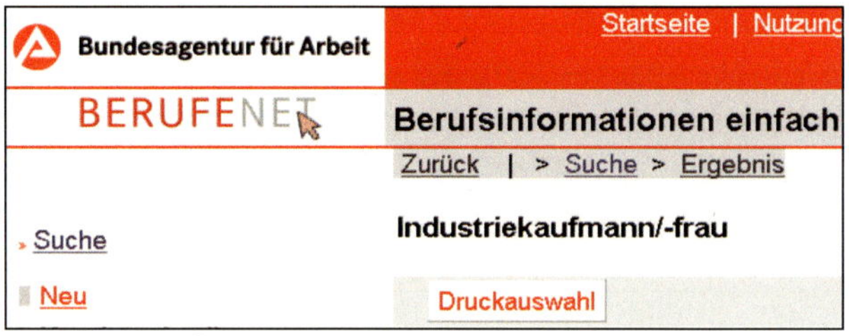

Info

BERUFE.TV ist das Filmportal der Bundesagentur für Arbeit. Es präsentiert drei Arten von Filmen:

- Berufsfilme über einzelne Ausbildungen, die typischen Tätigkeiten und die Weiterbildungsmöglichkeiten,
- Überblicksfilme, in denen Berufsbereiche zusammengefasst und die einzelnen Berufe verglichen werden oder
- Filme, die kurz und knapp einen ersten Einblick in ein Berufsfeld geben.

Aufgaben

1 „Wenn Nuray sich so gründlich schriftlich und durch einen Film über den Maskenbildner-Beruf informiert hat, dann ist doch alles klar. Da braucht sie doch kein Praktikum mehr zu machen!" Was meinst du zu dieser Aussage? Notiere in Stichworten.

2 Nutze für mindestens zwei Berufe die Informationsmöglichkeiten BERUFENET und BERUFE.TV.

M Methode: Internetrecherche

Das Onlineportal „planet-beruf.de" der Bundesagentur für Arbeit bietet Jugendlichen eine Fülle an Materialien, Hinweisen, Links usw. Es informiert über alle Themen rund um die Berufswahl, Bewerbung und Ausbildung.

Navigationsleiste oben
Sie enthält Rubriken mit Hinweisen auf Videos, Links und das Lexikon.

Navigationsleiste links
Sie enthält neun Rubriken. Klickt man eine davon an, werden Unterrubriken aufgelistet.

Mitte
Das ist der Inhaltsbereich mit Texten, Bildern und interaktiven Elementen.

rechte Spalte
Sie verweist auf das Selbsterkundungsprogramm „BERUFE-Universum" und gibt dann Hinweise auf Links, Videos, News, Downloads.

Aufgaben

Erkunde das Onlineportal „planet-beruf.de". Beantworte dazu folgende Fragen:

1 Welche Unterrubriken erscheinen, wenn man links die Rubrik „Berufe finden" anklickt?
2 Was steht im Lexikon unter „Initiativbewerbung"?
3 Was zeigt das Video „Kids im BIZ"?
4 Welches Thema hat das aktuelle Berufswahlmagazin „planet-beruf.de"?
5 Welchen interaktiven Beitrag findet man, wenn man bei der Rubrik „Sinnvoll überbrücken" die Unterrubrik „Ausbildungschancen verbessern" anklickt?
6 Welche „Infos aus deiner Region" kannst du über die Rubrik „planet-beruf.de regional" erhalten?
7 Wie viele Unterrubriken hat die Rubrik „Bewerbungstraining"?
8 Welchen Titel hatte die Topstory in der Ausgabe 5/2010 des Berufswahlmagazins „planet-beruf.de"?

Was bietet die Berufsberatung?

Unterstützung für Jugendliche

Für die Vermittlung von Arbeitsstellen, Hilfen bei Arbeitslosigkeit u. Ä. ist in Deutschland die Bundesagentur für Arbeit zuständig. Zu ihr gehört auch die Berufsberatung, deren Aufgabe es ist, Jugendliche bei der Berufswahl und der Suche nach einer Ausbildungsmöglichkeit zu unterstützen.

Die Berufsberatung hilft Schülerinnen und Schülern auf unterschiedliche Weise. Es gibt gedruckte Informationsmaterialien wie das Berufswahlmagazin „planet-beruf.de" und das Berufslexikon „BERUF AKTUELL", die in den Schulklassen verteilt werden. Die Berufsberatung macht Angebote im Internet, z. B. das Onlineportal „planet-beruf.de" und Datenbanken wie BERUFENET und BERUFE.TV.

Weitere für Schülerinnen und Schüler wichtige Angebote sind die Berufsinformationszentren und das persönliche Beratungsgespräch.

Berufsinformationszentren

Das Berufsinformationszentrum (BIZ) wird oft von Klassen während der Unterrichtszeit besucht. Man kann es aber auch in seiner Freizeit aufsuchen, wenn man allein die Angebote nützen will. Jedes BIZ hat Internetarbeitsplätze, von denen aus man freien Zugang zu den Onlineangeboten wie BERUFENET oder BERUFE.TV hat.

30.2 Persönliche Gespräche mit Experten der Agentur für Arbeit unterstützen die Berufswahl.

Nur im BIZ gibt es die „planet-beruf.de Infomappen". Jede der 28 Mappen stellt ein Berufsfeld vor, z. B. „Landwirtschaft, Natur und Umwelt" oder „Computer und IT". Innerhalb der Infomappe ist das Berufsfeld in Teilbereiche gegliedert. Mit dem Berufserkundungsbogen, den man im BIZ erhält, können Infomappen systematisch kennengelernt und Schritt für Schritt erkundet werden.

Im BIZ kann man auch berufskundliche Bücher und Zeitschriften einsehen und Informationsmaterialien wie Broschüren, Berufsbeschreibungen, Merkblätter und CD-ROMs mitnehmen.

30.1 In den Berufsinformationszentren gibt es Internetarbeitsplätze mit Zugang zu verschiedenen Onlineangeboten.

Interview mit einem Berufsberater

Frage: Herr Kunz, als Berufsberater gehen sie oft in Klassen. Worüber sprechen Sie da?
Antwort: Wir sprechen bei den Klassenveranstaltungen z. B. über Grundfragen der Berufswahl, über den Ausbildungsstellenmarkt, über Bildungswege, über Fördermöglichkeiten und natürlich auch über unsere Angebote und Hilfen.

Frage: Und wenn ein Schüler, eine Schülerin persönliche Fragen hat?
Antwort: Dafür bieten wir in den Schulen Sprechstunden an. Da können wir individuelle Fragen beantworten, aber natürlich keine ausführliche Einzelberatung durchführen.

Frage: Dazu kommt man dann zu Ihnen in die Agentur für Arbeit?
Antwort: Ja. Natürlich sollte man rechtzeitig einen Termin vereinbaren, damit für das Gespräch genügend Zeit ist. Man kann sich telefonisch oder online bei uns anmelden.

Frage: Können auch die Eltern am Beratungsgespräch teilnehmen?
Antwort: Selbstverständlich. Ich finde es gut, wenn die Eltern mit dazukommen.

Frage: Welchen Rat würden Sie einem Schüler, einer Schülerin geben, wenn man zu einem Beratungsgespräch kommen will?
Antwort: Man sollte sich darauf vorbereiten und Unterlagen mitbringen.

Frage: Unterlagen?
Antwort: Zum Beispiel das letzte Schulzeugnis, den Berufswahlordner, Bescheinigungen über ein Praktikum oder den Ergebnisausdruck vom Selbsterkundungsprogramm „BERUFE-Universum", wenn man so etwas hat.

Frage: Und wie soll man sich vorbereiten?
Antwort: Es ist schon gut, wenn man sich vor der Beratung noch mal überlegt, warum man eigentlich diesen oder jenen Wunschberuf hat, wie man seine Stärken, Schwächen und Interessen sieht, welche Alternativen

31.1 Die Berufsberater stehen auch beim Unterrichtsbesuch den Schülerinnen und Schülern Rede und Antwort.

zum Wunschberuf man sich überlegt hat usw. Und sich überlegen, was man fragen will! Mein Rat: Vor dem Beratungsgespräch Fragen aufschreiben und diese Notizen mitbringen.

Frage: Geht es in den Gesprächen immer nur um die Berufswahl?
Antwort: Nein. Das kommt auf die Situation des Ratsuchenden an. Wir vermitteln auch Ausbildungsstellen, helfen bei der Bewerbung, können medizinische Untersuchungen oder Berufswahltests anbieten. Oder wir sprechen über finanzielle Hilfen während der Ausbildung oder sagen, wie man fehlende Schulabschlüsse nachholen kann.

Aufgaben

1 Informiere dich mithilfe des Onlineportals „planet-beruf.de" über das BIZ in deiner Nähe. Klicke dazu „Jetzt starten" und dann „Hol dir Infos" an.

2 Bereite dich auf deinen BIZ-Besuch vor. Informiere dich dazu durch „planet-beruf.de" über die berufskundlichen Infomappen und den BIZ-Berufserkundungsbogen.

3 Notiere Fragen, die du einer Berufsberaterin, einem Berufsberater im Beratungsgespräch stellen möchtest.

M

Methode: Informationen ordnen

Informationen mit System ordnen und auswerten

Wenn du dich auf die Suche nach Informationen über Berufe und Ausbildungsmöglichkeiten machst, verfolgst du in der Regel bestimmte Fragen: „Was mache ich als ...?", oder „Wie viel verdiene ich während der Ausbildung?" Oft bekommst du mehr Informationen, als du brauchst. Manche Infos sind im Augenblick interessant, manche vielleicht erst später. Es ist sinnvoll, alle Informationen zu sammeln. Im Laufe der Berufsorientierung ändern sich die Fragen, die du an die Berufe stellst. Du kannst dann auf die gesammelten Informationen zurückgreifen, ohne jedes Mal erneut suchen zu müssen. Dazu musst du die Informationen mit System ordnen.

1. Informationen sammeln
- kostenloses Informationsmaterial, das in Ämtern oder in Schulen ausliegt
- Kopien aus Büchern, Broschüren, Zeitungen
- Informationen von Experten notieren

2. Informationen ordnen
- wichtige Passagen im Text markern
- über mündliche Informationen kurzes Stichwortprotokoll anlegen (sind alle Angaben sachlich, aktuell?)
- nach einheitlichem Prinzip, z. B . alphabetisch nach Berufsbezeichnung oder Tätigkeitsfelder, sortieren
- schriftliche Unterlagen in Ordnern mit beschrifteten Registern ablegen
- Datenbank im PC anlegen
- Karteikarten schreiben

3. Informationen auswerten
- Leitfaden zur Auswertung formulieren
- Materialsammlung nach passenden Antworten durchsuchen
- Ergebnisse der Materialsichtung notieren und übersichtlich (beispielsweise in einer Tabelle oder Liste darstellen)

32.1 Auswerten von Informationen

32.2 Internetrecherche

Tipp

Damit du in der Fülle der Infos den Überblick behältst, musst du gezielt Fragen stellen.
Beispiele:
- Welche Interessen und Fähigkeiten brauche ich für den Beruf?
- Welche Abschlüsse und Noten werden vorausgesetzt?
- Wie sind die Beschäftigungsaussichten nach der Ausbildung?

Aufgabe

Sammle Informationen zum Thema Berufswahl, ordne sie und werte sie aus.

Was ich werden möchte

33.1 Melanie mag Tiere.

33.2 Julian interessiert sich für Autos.

33.3 Valentina reist gerne.

Melanie möchte Tierpflegerin werden: „Ich finde Tiere richtig süß. Wir haben daheim zwei Katzen, mit denen spiele ich immer. Und meine Freundin hat einen Hund, mit dem kann ich auch ganz gut umgehen. Als sie und ihre Eltern neulich für ein paar Tage verreist sind, haben sie den „Bello" bei mir gelassen und ich habe ihn versorgt. Katzen und Hunde habe ich wirklich gern, aber Schlangen, Spinnen und Frösche kann ich nicht ausstehen – einfach eklig! Ob ich weiß, was ein Tierpfleger machen muss? Keine Ahnung – genau weiß ich das nicht. Entscheidend ist doch, ob man Tiere gerne hat. Alles andere kann man ja noch lernen."

Julian will gerne Kraftfahrzeugmechaniker werden: „Ich glaube, der Beruf heißt jetzt anders, aber genau weiß ich das nicht. Also: Autos interessieren mich. Und ich bin begabt, Autos zu reparieren. Das hat jedenfalls mein Onkel gesagt. Der hat eine kleine Kfz-Werkstatt. Und bei dem habe ich in den Ferien mitgeholfen – Reifen gewechselt, Ölwechsel gemacht, geschraubt und so. Das hat mir Spaß gemacht, besser als in die Schule gehen. Da bin ich nicht so gut; Mathematik und Technik machen mir Schwierigkeiten. Aber in Sport habe ich eine gute Note. Und wenn es mit dem Kraftfahrzeugmechaniker nicht klappt – etwas mit Autos möchte ich schon machen."

Valentina möchte Reiseverkehrskauffrau werden: „Meine Mutter hat gesagt, das wäre ein guter Beruf für mich. Reiseverkehrskauffrau würde besser klingen als nur Verkäuferin oder Friseuse. In ferne Länder reisen würde mir schon Spaß machen, dann andere beraten, ihnen Tipps geben, wo sie ihren Urlaub verbringen können. Vielleicht arbeite ich dann später mal bei einer Fluggesellschaft, also an einem Flughafenschalter. Das wäre schon chic! Ob meine Noten reichen, weiß ich nicht. Ich denke schon – in Deutsch und Mathematik bin ich zwar nicht so gut, aber in Englisch geht es einigermaßen. Also: Reiseverkehrskauffrau ist der Rat meiner Mutter. Und auf seine Eltern soll man doch hören.

Zehn Fragen an den Wunschberuf
- Was sind die wichtigsten Tätigkeiten?
- Welche Anforderungen werden gestellt?
- Wie ist die Ausbildung geregelt?
- Wie ist das Angebot an Ausbildungsplätzen?
- Welche Fähigkeiten sind wichtig?
- Gibt es Aufstiegs- und Weiterbildungsmöglichkeiten?
- Welche Berufe gibt es als Alternative?
- Arbeitet man allein oder mit anderen zusammen?
- Notiere: Wie ist die Arbeitsumgebung?
- Welche Schulfächer sind wichtig für diesen Beruf?

Aufgaben

1 Was hältst du von den Berufswunschbegründungen? Notiere, was du Melanie, Julian und Valentina sagen oder fragen möchtest.

2 Welche der zehn Fragen kannst du für deinen Wunschberuf beantworten?

3 Schreibe auf, was du werden möchtest. Überlege, wie du zu diesem Berufswunsch gekommen bist, und notiere deine Gründe.

Berufe kennenlernen

Sich durch Lesen, Gespräche mit Freunden oder dem Surfen im Internet über einen Beruf zu informieren ist das eine. Hierbei kann man viel über typische Tätigkeiten, Anforderungen und Voraussetzungen erfahren. Ob der Beruf aber wirklich zu einem passt, kann man nur dann sagen, wenn man Erfahrungen in der Praxis gesammelt hat. Um bei der Berufswahl die richtigen Entscheidungen treffen zu können, ist es wichtig, die Erfahrungen aus den Betrieben mit den eigenen Fähigkeiten und Vorstellungen zu vergleichen. Nur so wird klar, ob der bisherige Wunschberuf auch wirklich der richtige ist.

Dieses Kapitel gibt Hinweise darauf, wie Erfahrungen aus erster Hand gesammelt werden können. Dabei spielt die Auseinandersetzung mit eigenen Interessen genauso eine Rolle wie das selbstständige Planen, Durchführen und Auswerten von Praktika und Erkundungen. Konkrete Hinweise und Tipps im Kapitel helfen bei den ersten Schritten im Betrieb.

Von der Schule in die Praxis

Berufswegeplanung in der 8. Klasse der Erich-Kästner-Schule: Die Schülerinnen und Schüler haben sich schon seit einiger Zeit mit ihren Interessen, ihren Vorstellungen von Berufen und möglichen Anforderungen beschäftigt. Nun geht es darum, den nächsten Schritt zu planen: raus aus der Schule – rein in die Betriebe. Natürlich ist der Wunsch groß, draußen selbst Hand anzulegen und zu sehen, was los ist. Doch welchen Sinn macht es eigentlich, Berufe in der Praxis kennenzulernen? Vier Schüler aus der 9. Klasse, die bereits ein Praktikum absolviert haben, berichten über ihre Erfahrungen.

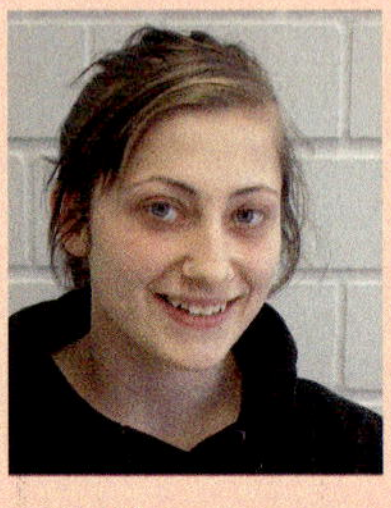
36.1 Merve

„Im Praktikum habe ich erkannt, was ich wirklich gut kann. Klar habe ich mir schon vorher überlegt, worin ich gut bin und wo meine Stärken liegen. Aber ich war mir total unsicher! Das Betriebspraktikum habe ich als Einzelhandelskauffrau gemacht. Der Kontakt mit Kunden hat mir richtig Spaß gemacht. Meine Chefin hat mir gesagt, dass ich gut auf Menschen zugehen kann. Ich sei offen und freundlich. Ich habe bemerkt, dass ich wichtige Eigenschaften für den Beruf mitbringe, das hätte ich so gar nicht gedacht. Ohne das Praktikum hätte ich das nie herausgefunden."

36.2 Anna

„Meine Tante ist chemisch-technische Assistentin. Das war eigentlich immer mein Traumberuf. In den naturwissenschaftlichen Fächern bin ich gut – das finde ich total spannend. Nach Gesprächen mit meiner Tante dachte ich, das ist es. Bei einer Betriebserkundung musste ich aber schnell erkennen, dass der Beruf absolut nichts für mich ist. So allein im Labor arbeiten und alles muss ganz genau, sauber und steril sein. Ich brauche Menschen und Leben um mich herum. Bei mir muss Action sein. Ich bin froh, dass ich die Chance hatte, meine Eignung für den Beruf selbst zu überprüfen."

36.3 Aaron

„Ich habe ein Praktikum als Anlagenmechaniker für Sanitär-, Heizung und Klimatechnik gemacht. Im Vorfeld habe ich mich echt gut über den Beruf informiert. Ich habe total viel darüber gelesen, im Internet recherchiert und mir sogar einen Installationsbetrieb angeschaut. Also, mehr geht echt nicht – dachte ich. Eigentlich habe ich geglaubt, ich weiß alles über den Beruf. Aber erst im Praktikum wurde mir klar, welche Anforderungen der Beruf an mich stellt: Installationen im Winter auf der Baustelle, Reparaturen und Wartungsarbeiten von Sanitäranlagen bei Kunden. Das kann man sich nicht anlesen, das muss man selbst machen und dann entscheiden, ob der Beruf etwas für einen ist. Im Praktikum habe ich die Berufsarbeitswelt kennengelernt. Die gemachten Erfahrungen waren wichtig für meine Berufswahl."

36.4 Mahmoud

„In der 8. Klasse haben wir mal eine Betriebsbesichtigung in einem Metallbaubetrieb gemacht. Das hat mich interessiert, deshalb habe ich auch mein Praktikum dort gemacht. Treppen und Geländer aus Metall herzustellen – das war super. Mein Chef war auch begeistert von mir. Das habe ich bemerkt und mich total angestrengt. Am Ende hat er mir sogar eine Lehrstelle angeboten."

Pinnwand Betriebserkundung
Hier steht ein ausgewählter Aspekt eines Betriebes, beispielsweise die Produktion, im Mittelpunkt. Um an Informationen zu gelangen, muss die Betriebserkundung gezielt vorbereitet werden. Dazu werden Erkundungsbögen angefertigt. Mit deren Hilfe können systematisch Fragen gestellt und die Antworten notiert werden.

Pinnwand Betriebsbesichtigung
Bei einer Betriebsbesichtigung begleitet einen ein Mitarbeiter durch den Betrieb. Es werden Arbeitsabläufe und betriebliche Strukturen erklärt. Die Vorbereitung beschränkt sich im Wesentlichen auf die Organisation der Besichtigung.

Aaron, Merve, Anna und Mahmoud berichten über die Erfahrungen, die sie gemacht haben. Um Berufe von ihrer praktischen Seite kennenzulernen, gibt es mehrere Möglichkeiten. Die Pinnwandnotizen geben darüber einen kurzen Überblick.

Pinnwand Betriebspraktikum
Das Betriebspraktikum eröffnet die Möglichkeit, praktische Erfahrungen in Betrieben zu sammeln. Es findet über einen längeren Zeitraum statt. Die Praktikanten arbeiten dabei unter Anleitung eines betrieblichen Betreuers mit. So kann man einen Beruf und die damit verbundenen Tätigkeiten von seiner praktischen Seite kennenlernen. Dabei können die Anforderungen des Berufes und die eigenen Fähigkeiten miteinander verglichen werden. Aber auch für das Betriebspraktikum sind gezieltes Beobachten und Befragungen wichtige Elemente. Die Ergebnisse des Praktikums werden dokumentiert.

37.1 Schülerin beim Praktikum im Einzelhandel.

Aufgaben

1 Diskutiert in Gruppen über die Erfahrungen, die Aaron, Merve, Anna und Mahmoud gemacht haben. Haltet eure Ergebnisse schriftlich fest und besprecht sie miteinander.

2 Sprecht mit Mitschülern, die bereits ein Praktikum gemacht haben. Welche Erfahrungen haben sie gemacht?

M Methode: Expertenbefragung

Mit der Expertenbefragung können Erkenntnisse über Arbeitsabläufe und typische berufliche Tätigkeiten gewonnen werden. Diese Methode eignet sich für die Betriebserkundung und für das Praktikum. Experten sind Personen, die über ihren Beruf und die damit verbundenen Tätigkeiten genau Bescheid wissen und darüber qualifiziert Auskunft geben können. Eine Expertenbefragung setzt sich aus drei Schritten zusammen.

Vorbereitung

Thema und Ziel der Befragung
- Was will ich wissen?
- ausreichend Informationen zum Thema vorher sammeln

planen
- Auswahl der Experten
- Kontakt aufnehmen
- Termin vereinbaren
- Ort absprechen

Arbeitstechnik bei der Befragung
- Frageliste vorbereiten: Sachfragen/Meinungsfragen
- Fragebogen, Aufnahmegerät/Videokamera (um Erlaubnis fragen)
- im Rollenspiel Fragen erproben

Gruppen- oder Einzelbefragung
- bei Gruppenbefragung die Verteilung der Aufgaben (Gesprächsleiter, Fragensteller) festlegen

Durchführung

Verhalten bei der Befragung
- pünktlich sein
- höflich sein
- Interesse zeigen

Informationen beschaffen
- Fragen stellen
- notieren
- nachfragen bei unverständlichen Antworten
- Fragen dem Gesprächsverlauf anpassen

Auswertung

Ergebnisse
- überarbeiten/vervollständigen
- zusammenstellen/strukturieren
- dokumentieren

Darstellen
- präsentieren

Reflexion/Auswertung des Prozesses
- Befragungsziel erreicht?
- Was war gut?
- Was kann besser gemacht werden?

Info

Mithilfe der Expertenbefragung lassen sich nicht nur Berufe erkunden. Sie eignet sich auch, um wirtschaftliche, soziale und ökologische Zusammenhänge näher zu untersuchen. Um mehr über Berufe herauszubekommen, sollte natürlich der berufliche Aspekt im Vordergrund stehen.

Aufgabe

Welche der Hinweise sind für die Planung deiner nächsten Expertenbefragung wichtig?

Eine Betriebserkundung vorbereiten

Im Berufswahlunterricht der Klasse 8b sollen die beruflichen Aspekte eines Betriebes durch eine Betriebserkundung näher betrachtet werden. Frau Müller, die Klassenlehrerin, bittet die Klasse um Vorschläge, wie die Erkundung werden könnte.

Ⓐ „Wo sollen wir denn unsere Erkundung nun machen? Ich bin dafür, dass wir zur Firma Mahler gehen, die ist gleich um die Ecke. Das ist nicht so weit zu fahren."

Ⓑ „Wozu brauchen wir denn eigentlich Erkundungsbögen? Die Fragen können wir uns doch locker merken."

Ⓒ „Wenn mich was nervt, dann sage ich das auch klipp und klar, da nehme ich auch bei Erwachsenen kein Blatt vor den Mund."

Ⓓ „Spontan ist immer gut. Wenn wir im Betrieb sind, wird schon alles klappen. Allzu viel braucht man da nichts zu planen. Das sehe ich eher locker."

Ⓔ „Mich interessiert eigentlich ein kaufmännischer Beruf. Die Firma Mahler ist ein Lackierbetrieb. Aber das ist auch O.K. Ich schau es mir halt mal an."

Ⓕ „Brauchen wir wirklich eine Aufgabenverteilung? Ich finde, in solchen Situationen ist es immer besser, man reagiert flexibel."

Ⓖ „Wenn wir bei Dingen, die wir nicht verstehen, nachfragen, dann hinterlassen wir einen schlechten Eindruck."

Ⓗ „Ich mache mir nie Gedanken darüber, ob etwas gut gelaufen ist oder nicht. Vorbei ist vorbei."

Ⓘ „Ich finde, wir sollten bei der Firma einfach mal heute nach der Schule vorbeigehen und klingeln."

Ⓙ „Im Zeitalter des Internets braucht man doch nicht mehr fragen, ob man Fotos machen darf. Das versteht sich doch von selbst."

Ⓚ „Klar ist es wichtig, pünktlich zu sein. Aber wenn man ein paar Minuten zu spät kommt, macht das doch nichts. Die Zeit wird im Betrieb ja so oder so bezahlt."

Ⓛ „Diese Auswertung machen wir in der Schule locker aus dem Kopf. Da sind die Eindrücke ja noch frisch – also kein Problem für uns, oder?"

39.1 Eine Betriebserkundung muss gut vorbereitet sein.

Aufgaben

1 Jede Aussage enthält einen Fehler. Mache daraus einen nützlichen Hinweis für eine Betriebserkundung.

2 Gliedere deine Hinweise in Vorbereitung, Durchführung und Nachbereitung. Fallen dir noch weitere Hinweise ein?

3 Plane nun zusammen mit einer Gruppe eine Betriebserkundung.

Betriebspraktikum – ein Fallbeispiel

Ohne Praktika läuft nichts! Um sich für den richtigen Beruf entscheiden zu können, braucht man die Erfahrungen aus den Praktika. Davon konnte sich Katharina selbst überzeugen. Um herauszubekommen, welcher Beruf zu ihr passt, hat sie gleich drei Praktika gemacht: als Frisörin, als Zahntechnikerin und als Kauffrau im Einzelhandel.
Katharina kennt ihre Fähigkeiten und Stärken ganz gut. Damit hat sie sich intensiv auseinandergesetzt. Sie weiß, dass sie kontaktfreudig und offen im Umgang mit anderen ist. In Mathe hat sie eine Zwei, und ihr Lehrer hat ihr gesagt, sie sei handwerklich begabt.

„Friseurin, das war mein Traumberuf! Von diesem Praktikum habe ich mir viel versprochen. Die Kunden beim Styling beraten, einfach total kreativ sein. Das war es, was ich immer machen wollte. Doch als ich dann selbst an einem Modell arbeiten durfte, habe ich bemerkt, dass ich überhaupt keine Ideen hatte, welche Haarfarbe und welcher Schnitt passt, da bin ich völlig unkreativ. Außerdem empfand ich es unangenehm, so dicht am Kunden zu arbeiten. Das war mir dann doch zu nah."

40.1 Betriebspraktikum beim Friseur.

„Im Dentallabor waren alle total nett. Am zweiten Tag sollte ich eine Krone aus Wachs modellieren. Das habe ich einfach nicht hinbekommen. Die Arbeit musste so genau erledigt werden und erforderte so viel Geschick, da bin ich an meine Grenze gekommen. So präzise kann ich nicht arbeiten."

40.2 Geschick ist im Labor gefragt.

„Mein letztes Praktikum als Kauffrau im Einzelhandel war ein voller Erfolg. Ich habe bemerkt, dass mir das Bedienen der Kunden wirklich liegt. Kopfrechnen ist ohnehin kein Problem für mich. Am letzten Tag durfte ich sogar an der Kasse helfen. Von der Chefin habe ich die Rückmeldung bekommen, dass ich gut für den Beruf geeignet bin. Meine freundliche und offene Art, mit Menschen umzugehen, seien wichtige Eigenschaften, die ich für diesen Beruf mitbringe."

40.3 Kopfrechnen hilft bei der Arbeit an der Kasse.

Aufgaben

1 Katharina soll einen Bericht über ein Praktikum machen. Was wird sie wohl schreiben?

2 Katharina sagt: „Ohne Praktikum läuft nichts!" Wie stehst du zu Katharinas Aussage? Begründe deine Meinung.

3 Was kannst du an Katharinas Beispiel für deine eigene Berufswegeplanung lernen. Notiere deine Erkenntnisse.

Erwartungen klären

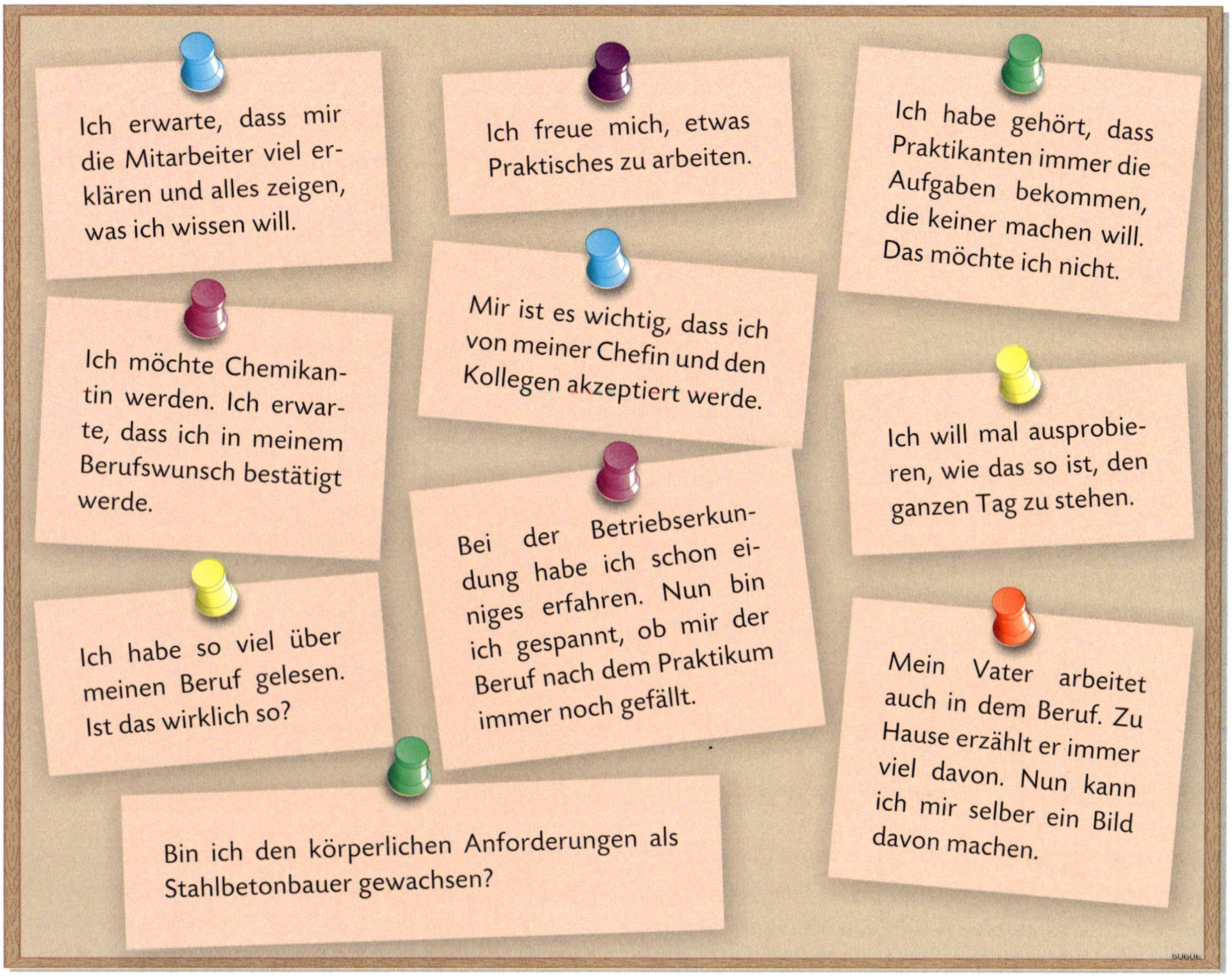

„Erwartungen von Corinne und Pepe"

Corinne: „Also ich finde, vor dem Betriebspraktikum sollten die eigenen Erwartungen geklärt werden."

Pepe: „Was? Warum denn das?"

Corinne: „Weil es mir wichtig ist, mir über die Dinge, die auf mich zukommen, Gedanken zu machen."

Pepe: „Das bringt doch nichts. Mir ist es wichtig, dass ich endlich mal aus der Schule rauskomme. Alles andere findet sich dann von selber."

Corinne: „Doch, glaube mir, das bringt auf jeden Fall etwas. Mit meinem Betriebspraktikum verbinde ich beispielsweise die Erwartung, dass ..."

Aufgaben

1 Setze dich mit den Erwartungen auf der Pinnwand auseinander. Welche beziehen sich auf den Beruf?

2 Finde Argumente, mit denen Corinne Pepe überzeugen kann.

3 Welche Erwartungen hast du? Notiere sie ebenfalls auf Karten und tausch dich mit deinen Mitschülern darüber aus.

4 Nicht nur du hast Erwartungen! Vom Betrieb, der Schule und den Eltern werden auch Erwartungen an dich gestellt. Welche könnten das sein?

Welches Praktikum passt zu mir?

Vorstellungen überprüfen

Svenja, Olga und Simon interessieren sich für den Beruf des Forstwirts. Ist das für sie der passende Praktikumsberuf? Ein Praktikum bietet die Möglichkeit, Fähigkeiten und Vorstellungen über seinen Wunschberuf zu überprüfen.

Zunächst einmal müssen die eigenen Interessen und Stärken geklärt werden. Ist man sich darüber im Klaren, dann kann eine Entscheidung getroffen werden. Simon, Olga und Svenja stehen da wohl noch ganz am Anfang.

Simon kennt sich gut mit Computern aus. Wenn es um Technik geht, ist er immer auf dem neuesten Stand. Begeistert hat er vergangene Woche eine Fernsehsendung gesehen, in der vollautomatisch Holz geerntet wurde. Körperliche Anstrengung liegt ihm überhaupt nicht, das spielt seiner Meinung nach aber für den Beruf auch keine Rolle. Da gibt es ja technische Lösungen.

Für **Olga** wäre ein Leben ohne Tiere und Natur völlig unvorstellbar. Sie ist mit ihrem Hund viel draußen im Grünen unterwegs. Den Wald findet sie einfach klasse, dort ist sie immer zum Biken und Joggen. Dass sie handwerklich zwei linke Hände hat, ist ihrer Meinung nach für den Beruf ohne Bedeutung. Hauptsache, man ist gerne bei Wind und Wetter draußen.

Svenja interessiert sich für Technik, Naturwissenschaften und Mathematik. In ihrer Freizeit treibt sie gerne Sport oder genießt einfach die Natur. Wenn es drauf ankommt, kann Svenja auch mal richtig zupacken und genauso hart arbeiten wie die Jungs. Ein Beruf im Büro oder in der Fabrik kommt für Svenja deshalb überhaupt nicht infrage.

Tipp

Infos über Berufe bekommt man unter www.planet-beruf.de oder aus BERUF AKTUELL.

Praktikumsberuf Forstwirt?
- Natur pur!
- Immer im Grünen!
- Dort arbeiten, wo andere ihre Freizeit verbringen!
- Etwas für echte Kerle!
- ...

Erwartungen? Vorstellungen? Wirklichkeit?

42.1 Forstwirt – ein anspruchsvoller Beruf.

Aufgaben

1 Ist für Svenja, Olga und Simon ein Praktikum als Forstwirt passend? Vergleiche die Vorstellungen und Stärken der drei Schüler mit den tatsächlichen Anforderungen im Zeitungsartikel. Begründe deine Aussage.

2 Stimmen deine Vorstellungen mit deinem Wunschberuf überein? Informiere dich dazu auf www.planet-berufe.de oder in BERUF AKTUELL.

Mit Muskeln und Taschenrechner

Von Marc Herwig

Ein grüner Filzhut auf dem Kopf, das Gewehr über der Schulter und immer ein Dackel an der Seite: Förster ist ein ziemlich verklärter Beruf. Dabei müssen moderne Forstwirte heute je nach Ausbildung entweder echte Kraftpakete oder aber gewiefte Manager sein.

Mit lautem Dröhnen arbeitet sich die Motorsäge in den Stamm. Dann kracht es laut, und die 30 Meter hohe Fichte stürzt zu Boden. Noch die Äste absägen, schon geht es zum nächsten Stamm.

Baumfällen ist Akkordarbeit, und es geht ganz schön auf die Knochen. Aber es ist die Hauptaufgabe von Forstwirten – im eisigen Winter genauso wie während eines brütend heißen Sommers. Mit der Romantik wie in der Fernsehserie Forsthaus Falkenau hat das allerdings sehr wenig zu tun. Trotzdem übt der Arbeitsplatz mitten im Wald auf viele Auszubildende einen besonderen Reiz aus. Und auch die Hochschulen, an denen die Manager für den Wald ausgebildet werden, haben oft mehr Bewerber als Plätze.

Zwei Ausbildungen möglich

„Als Forstwirt kann man die Liebe zur Natur mit dem Interesse an der Technik verbinden“, sagt Albert Rauch von der Bayerischen Waldbauernschule in Kelheim an der Donau. Und man sehe den Wald wachsen: „Auf Flächen, die man selbst angepflanzt hat, stehen 30 Jahre später plötzlich stattliche Bäume. Das hat schon was.“

Es gibt zwei völlig unterschiedliche Ausbildungswege für Forstwirte. Der eine führt über eine duale Ausbildung im Betrieb und in der Berufsschule. „Das sind die klassischen Waldarbeiter“, erzählt Rauch. Im großen Staatsforst sind die Waldarbeiter an die Vorgaben des Revierförsters gebunden. In kleineren Privatwäldern haben sie oft einen recht großen Handlungsspielraum: Sie entscheiden selbst, welchen Baum sie wo pflanzen, wie sie gegen Schädlingsbefall vorgehen und wann sie einen Baum fällen.

„Am Anfang der dreijährigen Ausbildung muss man erst mal die Bäume, Sträucher, Pflanzen und Tiere kennenlernen“, sagt Rauch. Dann geht es schnell ans Handwerkliche. Zwar werden immer häufiger hochmoderne Erntemaschinen eingesetzt, aber 70 Prozent der deutschen Waldfläche sind für die sogenannten Harvester nicht erreichbar. Dort wird deshalb nach wie vor mit der Motorsäge gearbeitet.

„Wer schwere, stattliche Bäume fällt, muss ergonomisch arbeiten, den Wald schonen und vor allem auf seine Sicherheit achten“, sagt Thomas Maur, Ausbildungsberater bei der Landwirtschaftskammer Nordrhein-Westfalen in Bonn. Immer wieder gibt es schwere Verletzungen und auch tödliche Unfälle im Wald.

„Aber man muss nicht unbedingt zwei Meter groß und ein Muskelpaket sein. Mit einer guten Ausbildung machen kleine, drahtige Menschen die Arbeit im Wald genauso gut.“ Auch Frauen finden sich in den Ausbildungsjahrgängen. Ihre Quote liegt aber in der Regel unter fünf Prozent.

Auszubildende bekommen nach Angaben des Bundesinstituts zwischen 484 und 690 Euro im Monat. Für Gesellen ist ein Lohn zwischen 1588 und 1942 Euro üblich. Die meisten Azubis haben einen Hauptschul- oder Realschulabschluss, aber auch ohne Schulabschluss haben Bewerber Möglichkeiten, sagt Ausbildungsberater Maur. „Viele kommen über ein Praktikum an eine Ausbildungsstelle. Wer da beweist, dass er arbeiten kann, hat auch ohne Schulabschluss gute Chancen.“

(aus: Eßlinger Zeitung vom 22./23. Januar 2011)

Mein Praktikum planen

Felix: Ich habe echt keine Lust mehr auf Schule. Ich möchte endlich was Praktisches tun.

Andrea: Das Praktikum ist eine gute Möglichkeit, um zu testen, welcher Beruf zu dir passt.

Felix: Klar doch, ich weiß. Aber ich habe noch keinen Plan.

Andrea: Hast du dich denn schon für einen Praktikumsberuf entschieden?

Felix: Logisch, ich will Stahlbetonbauer werden. Über den Beruf habe ich schon mal was gehört.

Andrea: Das ist doch ein Anfang!

Felix: Ja, schon. Aber ich habe keine Ahnung, wie es weitergeht. Wie soll ich denn mein Praktikum planen?

Andrea: Zum Praktikum findest du gute Informationen unter www.planet-beruf.de.

Fahrplan Betriebspraktikum

Schritt	Was ist zu tun?	Bis wann zu erledigen?	erledigt
1	Eigene Interessen, Vorstellungen und Fähigkeiten klären	10. Dezember 2010	ja
2	Sich über den Beruf informieren	14. Februar 2011	ja
3	Entscheidung über einen Praktikumsberuf treffen	01. März 2011	ja
4	Mögliche Praktikumsbetriebe ausfindig machen	28. März 2011	...
5	...	...	...

Info

Brainstorming
Brainstorming ist eine Methode, um gemeinsam Ideen zu entwickeln. Brainstorming bedeutet wörtlich „Gehirnsturm“. Beim Brainstorming lässt man seinen Gedanken zu einem Thema freien Lauf. Alle Beiträge sind wichtig, keiner ist falsch. Um kreativ sein zu können, werden die Einfälle weder kommentiert noch kritisiert.

Aufgaben

1 Führt in der Klasse ein Brainstorming zum Thema „Betriebspraktikum planen“ durch.

2 Ordnet die Beiträge und findet Überschriften.

3 Erstellt aus dem Brainstorming einen Fahrplan für dein Praktikum.

4 Welche Tipps kannst du Felix geben?

5 Welche weiteren Tipps findest du im Internet auf der Seite www.planet-berufe.de?

Kontakt mit Betrieben aufnehmen

Coco15: Ich will ein Praktikum als Sozialversicherungsfachangestellte machen. Muss ich da eine schriftliche Bewerbung schreiben oder reicht es aus, wenn ich einfach vorbeigehe???
HILFE!!
Ich bin 15 und das ist mein erstes Praktikum. Ich weiß nicht recht, ob und wie ausführlich so eine Bewerbung sein muss. Reicht das auch handschriftlich? Ich will doch nur ein Betriebspraktikum machen und suche keine Ausbildungsstelle oder nicht?

Mimi95: @ Coco15
Heute werden Bewerbungen eigentlich grundsätzlich am PC geschrieben. Da macht es keinen Unterschied, ob es sich um eine Bewerbung für ein Praktikum oder für einen Ausbildungsplatz handelt.

Nick: @Mimi95
Doch, das spielt schon eine Rolle. Eine Bewerbung für einen Ausbildungsplatz muss viel ausführlicher sein als für ein Praktikum. Für das Praktikum müssen keine Zeugnisse und kein Lebenslauf dabei sein, für eine Bewerbung um einen Ausbildungsplatz allerdings schon.

Stern94: @ alle
Ob ein Bewerbungsschreiben gewünscht wird oder nicht, hängt auch immer vom Betrieb ab. Ich habe in einer großen Firma ein Praktikum gemacht. Die wollten auf jeden Fall eine Bewerbung haben, aber keinen Lebenslauf.

JoJo16: @ alle
Ich habe ein Praktikum bei einem Friseur gemacht. Da habe ich einfach angerufen und gefragt, ob es möglich ist. Alles Weitere habe ich dann in einem persönlichen Gespräch mit der Chefin selbst besprochen. Eine Bewerbung habe ich nie geschrieben, für ein Praktikum finde ich das übertrieben.

Coco15: @ alle
Wie soll ich denn nun vorgehen? Auf was muss ich denn achten, wenn ich Kontakt zu Betrieben aufnehme?

Betriebe finden

Um ein Praktikum machen zu können, braucht man natürlich einen Betrieb. Betriebe findet man ...
- im Internet
- im Branchenbuch
- im Telefonbuch
- aus einem Praktikumsatlas in der Schule
- über Informationen von Mitschülern
- ...

Tipp

- Kein Praktikum bei Verwandten machen.
- Das Praktikum sollte keine Notlösung sein.
- Die Betriebe müssen problemlos mit öffentlichen Verkehrsmitteln erreichbar sein.

Der erste Kontakt

In den meisten Fällen wird bei der Suche nach einem geeigneten Praktikumsplatz ein persönliches Telefonat der erste Kontakt mit einem Betrieb sein. Inhaltlich sollte man an folgende Punkte denken:
- Name und Schule nennen
- fragen, ob ein Praktikum im gewünschten Beruf möglich ist
- den Zeitraum nennen
- klären, ob ein Bewerbungsanschreiben nötig ist
- Besteht die Möglichkeit, sich persönlich im Praktikumsbetrieb vorzustellen?

E-Mail-Kontakt

Auch per E-Mail kann Kontakt mit Betrieben aufgenommen werden. Auf deren Homepage ist bei den Kontaktdaten auch eine E-Mail-Adresse angegeben.

Zum ersten Mal im Betrieb

Der erste Eindruck ist entscheidend. Es gilt den Chef oder die Chefin davon zu überzeugen, der oder die Richtige für den Praktikumsplatz zu sein. Wichtig ist:
- Interesse zeigen
- begründen, warum man das Praktikum machen will
- freundlich sein
- darauf achten, dass die Kleidung passend ist

Praktikumsbörsen im Internet

www.planet-beruf.de
www.bewerbungs-forum.de
www.bewerbungsforum.de/forum/hilfe-bei-der-praktikumswahl
www.bewerbungs-tipps.com
www.tips-for-jobs.de
www.bewerbung.de
www.berufswahl-tipps.de/praktikum

Die schriftliche Bewerbung

Bei der schriftlichen Bewerbung um einen Praktikumsplatz gibt es keine allgemeingültige Norm. Am besten, man fragt beim Betrieb nach, welche Anlagen dem Anschreiben beigelegt werden sollen.

Tipp

Wünscht der Betrieb, in dem das Praktikum absolviert werden soll, eine schriftliche Bewerbung, dann informiere dich, bevor du das Schreiben formulierst, über Inhalt und Form der Bewerbung.

Aufgaben

1. Welche Informationen bekommt Coco aus dem Internetforum? Erstelle eine Liste!
2. Wie gehst du bei der Suche nach deinem Praktikumsbetrieb vor? Mache dir einen Fahrplan.
3. Notiere dir für jeden Schritt, worauf du achten musst.
4. Begründe deine Tipps.

Ganz nah dran am Beruf

Als Praktikant hat man die Chance, eigene Erfahrungen über den Praktikumsbetrieb und den Beruf zu sammeln. Um an Informationen zu kommen, gibt es drei Wege:
- Eigene Beobachtungen,
- Fragen stellen und Gespräche führen,
- typische Tätigkeiten selber ausführen.

Mehr über den Beruf wissen
Natürlich sollte man im Praktikum auch die Möglichkeit nutzen, mehr über den Betrieb zu erfahren. Wie ist der Betrieb aufgebaut und organisiert? Dabei helfen u.a. die folgenden Fragen:
- Was wird produziert bzw. welche Dienstleistung wird erbracht?
- In welche Abteilungen gliedert sich der Betrieb?
- Welche Berufe gibt es im Betrieb?
- Wie viele Mitarbeiter sind beschäftigt?
- Bildet der Betrieb Auszubildende aus?
- ...

Typische Arbeitsschritte und Tätigkeiten
Für jeden Beruf gibt es sie: typische Tätigkeiten und Arbeitsschritte. So ist z. B. für einen Industriemechaniker das Messen der gefertigten Bauteile eine immer wiederkehrende Tätigkeit. Eine Landschaftsgärtnerin verbringt einen großen Teil ihrer Arbeitszeit mit der Anlage und Pflege von Gärten und Parks.
Im Praktikum können typische Aufgaben unter Anleitung selber durchgeführt werden. Die gewonnenen Erfahrungen können mit den eigenen Fähigkeiten und Interessen verglichen werden.
- Welche Tätigkeiten wurden ausgeführt?
- Wie lange hat es gedauert?
- Wurden Werkzeuge, Maschinen oder Hilfsmittel benutzt?
- ...

Eine typische Tätigkeit beschreiben
Will man sich ein genaues Bild über einen Beruf machen, reicht es meist nicht aus, die Tätigkeiten nur auszuführen. Oft ist es hilfreich, sie zu beschreiben. So können die Anforderungen mit den eigenen Fähigkeiten besser verglichen werden. Dazu eignen sich folgende Leitfragen:
- Wie sieht der Arbeitsplatz aus?
- Welche Werkzeuge und Maschinen werden benutzt?
- Welche Umgebungseinflüsse (Lärm, Hitze, langes Stehen ...) sind mit der Tätigkeit verbunden?
- Welches Produkt entsteht bzw. welche Dienstleistung wird erbracht?
- ...

Steckbrief meines Praktikumsberufes
1. genaue Berufsbezeichnung: ...
2. typische Tätigkeiten: ...
3. Wo werden sie ausgeübt? ...
4. Anforderungen des Berufes: ...
5. Verdienstmöglichkeiten: ...
6. Aufstiegs- und Weiterbildungsmöglichkeiten: ...
7. benötigter Schulabschluss: ...
8. wichtige Schulfächer: ...
9. Welche Betriebe bilden aus? ...
10. ...

48.1 Eine typische Tätigkeit.

Aufgaben

1 Beobachte eine typische Tätigkeit und beschreibe sie anschließend. Ergänze deine Beschreibung, nachdem du die Tätigkeit praktisch ausgeführt hast.

2 Fertige einen Steckbrief deines Praktikumsberufes an.

3 Was kannst du über den Betrieb in Erfahrung bringen? Dokumentiere die Ergebnisse im Praktikumsbericht.

Sicher im Betrieb

Die Arbeit in Betrieben ist nicht immer frei von Gefahren. Daher müssen im Praktikum die geltenden Sicherheitsvorschriften beachtet und eingehalten werden. Ist man sich unsicher darüber, was erlaubt ist und was nicht, sollte man sich beim Betreuer erkundigen.

Nina schleppt den ganzen Tag Kisten. Eigentlich sind ihr die zu schwer. Ihr Rücken schmerzt, aber sie beißt die Zähne zusammen. Schließlich will sie vor den Kollegen nicht jammern.

Peter soll eine Tapetenleiste annageln. Ganz wie ein Alter macht er das: Damit es flotter geht und er immer beide Hände frei hat, hält er einen kleinen Nagelvorrat mit den Lippen fest.

Dirks Praktikumsbetrieb stellt große Behälter her. Besonders faszinierend findet Dirk die Schweißarbeiten. Dort schaut er eine ganze Weile interessiert und aufmerksam zu.

Sicherheit am Arbeitsplatz

- Arbeiten Sie sicher und umsichtig!
- Nutzen Sie die passive Sicherheit!
- Tragen Sie die persönliche Schutzausrüstung!
- Achten Sie auf:

Warnzeichen  Gebotszeichen  Verbotszeichen 

Rettungszeichen  Brandschutzzeichen 

- Meiden bzw. beseitigen Sie Sicherheitsmängel oder Gefahrenzustände sofort!
- Beachten Sie Verbote (Alkoholverbot, Zutrittsverbot)!
- Benutzen Sie nicht ohne Befugnis Betriebseinrichtungen!
- Halten Sie Ordnung am Arbeitsplatz!

Aufgaben

1 Was machen Peter, Dirk und Nina falsch?

2 Was würdest du besser machen? Begründe deine Meinung.

3 Recherchiere im Internet über die Bedeutung der abgebildeten Gefahrensymbole. Welche Gefahren werden angesprochen?

4 Sicherheit am Arbeitsplatz – welche Schlüsse ziehst du für dein Praktikum?

M Methode: Ein sachbezogenes Vieraugengespräch

Im Unterschied zur „Expertenbefragung" kann ein sachbezogenes Vieraugengespräch neben rein fachlichen Themen auch das Arbeitsverhalten während des Praktikums beinhalten. Durch ein sachbezogenes Vieraugengespräch können:

- Rückmeldungen eingeholt und gegeben werden,
- Lösungen für Probleme gesucht und gefunden werden,
- offene Fragen geklärt werden.
- Aufgaben und Tätigkeiten besprochen werden,
- Informationen über betriebliche Abläufe und den Aufbau des Betriebs gewonnen werden.

Vor dem Gespräch sollten Gesprächsinhalte und Ziele benannt werden. Um sich auf das Wesentliche konzentrieren zu können, ist es hilfreich, wenn man gemeinsam die Dauer des Gesprächs festlegt. Ein freundlicher und heller Raum schafft eine angenehme Gesprächsatmosphäre.

Möchte man sichergehen, dass man den anderen auch richtig verstanden hat, darf man ruhig nachfragen. Am Ende des Gesprächs ist es sinnvoll, wichtige Punkte nochmals zusammenzufassen, so vergisst man nichts.

Gesprächsregeln

- dem Gesprächspartner interessiert zuhören
- Blickkontakt aufnehmen und halten
- eine aufgeschlossene Körperhaltung einnehmen
- dem Gesprächspartner nicht ins Wort fallen
- keine Monologe halten
- sich verständlich und klar ausdrücken
- seine Meinung mit Argumenten begründen
- sich auf Gesagtes beziehen
- beim Thema bleiben
- ...

Aufgaben

1 Betrachte die Zeichnung. Was läuft hier alles falsch? Notiere deine Ergebnisse.

2 Übt in der Gruppe mithilfe eines Rollenspiels die Gesprächsregeln ein.

3 Welche Erkenntnisse konntet ihr gewinnen?

Der Praktikumsbericht

Ein Praktikumsbericht ist keine Schikane. Wenn man die täglich gemachten Erfahrungen notiert, kann man noch einmal darüber nachdenken. Dabei ergeben sich meist wichtige Fragen. Ohne einen Bericht würde man viel von dem vergessen, was man im Laufe einer Woche erlebt und erfahren hat. Die Informationen werden für die Dokumentation benötigt.

Tipp

Der Tagesbericht sollte am selben Tag geschrieben werden, sonst vergisst man zu viel.

Zehn Fragen, die beim Schreiben helfen

- Wo wird gearbeitet?
- Was wird hergestellt – welche Dienstleitung wird erbracht?
- Welche Tätigkeit wird ausgeführt?
- Wird alleine oder zusammen mit Kollegen gearbeitet?
- Welche Werkzeuge, Geräte oder Maschinen werden eingesetzt?
- Unter welchen Bedingungen wird gearbeitet (Hitze, Lärm ...)?
- Welche körperlichen und geistigen Anforderungen fordert die Tätigkeit?
- Welche Fähigkeiten und Fertigkeiten werden benötigt?
- Wurden neue Erfahrungen gemacht?
- Was ist sonst noch aufgefallen?
- ...

Kristinas Tagesbericht

Von:	Kristina Neuner, Klasse 8, Erich Kästner Schule Starkenbach
Beruf:	Tierarzthelferin
Betrieb:	Tierarztpraxis Dr. vet. Holger Metzger
Datum:	4. Mai 2011
Betreuerin:	Frau Heinzelmann
Arbeitsplatz:	Tierarztpraxis Dr. Metzger

Heute war es echt mal wieder super! Frau Merk war mit Bello in der Praxis. Bello ist ein echt süßer Golden Retriever Mischling. Bello hatte eine entzündete Pfote – der Arme! Aber jetzt geht es ihm Gott sei Dank wieder gut.
Da bin ich echt froh. Frau Merk ist total nett. Ich habe ein Trinkgeld von 5 Euro von ihr bekommen. Das ist doch super, oder? Also mir hat es heute Spaß gemacht.

Aufgaben

1 Findet in Gruppenarbeit Argumente, die die Schüler überzeugen, und berichtet darüber in der Klasse.
2 Untersucht den Bericht von Kristina mithilfe der zehn Fragen.
3 Gestalte ein Berichtsblatt, das dir beim Notieren deiner Erfahrungen hilft.

Das Praktikum auswerten

52.1 Carina im Rückmeldegespräch mit ihrem Betreuer.

Am Ende eines Praktikums stellt sich für die Schülerinnen und Schüler die Frage, ob der gewählte Praktikumsberuf zum persönlichen Profil passt oder nicht. Die im Praktikum erworbenen Erfahrungen haben natürlich etwas mit Spaß zu tun, aber eben nicht nur. Eine Selbsteinschätzung der eigenen Erwartungen und Fähigkeiten mit den tatsächlich gemachten Erfahrungen ist genauso hilfreich wie eine Rückmeldung vom Betrieb.

Fremdeinschätzung

Die Fremdeinschätzung gibt einem eine Rückmeldung darüber, wie andere einen sehen. Der Ansprechpartner im Betrieb kann am Ende des Praktikums eine Einschätzung der Leistungen und Fähigkeiten aus seiner Sicht abgeben. Dies kann in einer offenen Form geschehen. Denkbar ist auch eine gezielte Rückmeldung zu den Punkten:

- Sorgfalt
- Ordnung
- Leistungsbereitschaft
- Selbstständigkeit
- Teamfähigkeit
- respektvoller Umgang miteinander
- ...

Tipps für das Rückmeldegespräch

1. Den Gesprächspartner rechtzeitig um ein Rückmeldegespräch bitten.
2. Gemeinsam einen Termin und die Dauer des Gespräches festlegen.
3. Mögliche Gesprächsinhalte und das Gesprächsziel festlegen.

Schriftliche Rückmeldung durch den Betrieb

Oft haben die Schulen einen vorgefertigten Bogen für die schriftliche Rückmeldung. Der Bogen sollte rechtzeitig im Betrieb abgegeben werden. Damit Nachfragen gestellt werden können, ist es hilfreich, wenn der Bogen gemeinsam besprochen wird. Eine Kopie des Bogens kann dem Berufswahlordner beigefügt werden. Hat sich das Praktikum als Volltreffer erwiesen, kann man den Bericht seiner Bewerbung beilegen.

Tipp

Weitere Infos zum Rückmeldegespräch finden sich auf der Methodenseite „Ein sachbezogenes Vieraugengespräch führen“.

Bogen zur Selbsteinschätzung

EKS ERZIEHUNG KOMPETENZ SCHULE

Erich Kästner Schule Nellingen

Erich Kästner Schule Nellingen · 73760 Ostfildern

Beurteilungsbogen für das Betriebspraktikum

Bestätigung für den Schüler/die Schülerin ____________________

geb. am ____________________

Die Schülerin/der Schüler absolvierte in der Zeit vom __________ bis __________

ein Betriebspraktikum als/ im Bereich ____________________

Beurteilung

	++	+	0	–	––
Geschick	++	+	0	–	––
Sorgfalt	++	+	0	–	––
Selbstständigkeit	++	+	0	–	––
Pünktlichkeit	++	+	0	–	––
Zusammenarbeit mit anderen Mitarbeitern	++	+	0	–	––
Kommunikationsfähigkeit	++	+	0	–	––

Besondere Bemerkungen:

____

____

____

Datum: ______________ ____________________

Unterschrift des Beurteilenden

Aufgaben

1. Beschreibe, wie Carinas Fazit aussehen könnte. Überlegt gemeinsam, welche Möglichkeiten er nun hat.
2. Carina behauptet: „Eine Rückmeldung des Betriebs interessiert mich nicht." Was hältst du ihm entgegen? Begründe deine Meinung.
3. Vergleiche deine Selbst- und Fremdeinschätzung. Was schließt du daraus für deine Berufswahl?

Erfahrungen weitergeben

An der Erich Kästner Schule soll nächste Woche ein Informationsabend zum Thema „Meine Berufswegeplanung" für die Klasse 8 stattfinden. Geladen sind Eltern, Vertreter der örtlichen Betriebe und die Berufsberaterin der Agentur für Arbeit. Den Schülern der 8. Klasse kommt dazu eine Idee ...

Auftrag/Projektidee:
Anfrage Klasse 8: Unsere Erfahrungen am Infoabend präsentieren

1. Text: Ziel – wir wollen über folgende Punkte informieren.
2. Betriebserkundung
3. Wie findet man einen Praktikumsplatz?
4. Was ist wichtig im Betriebspraktikum?
5. ...

Planung
Infoabend: 10. Juni 2011
von: 18.00–20.00Uhr
Präsentation: 20 Minuten
Austausch: 20 Minuten
...

Aufgabenverteilung – erledigt bis wann?
Gliederung ... Marco ... 06.06.11
Moderation ... Lisa ...
ppt Betriebserkundung ...
Plakat Praktikum ...

Materialien
Computer und Beamer ... Lisa
Stellwand ...
Bilder ...
...

Die Ergebnisse präsentieren

Unter einer Präsentation versteht man ein **Referat** oder einen **Vortrag** vor einem interessierten Publikum. Zur Unterstützung werden Folien, Plakate oder Pinnwände verwendet. Zunehmend kommen geeignete Computerpräsentationsprogramme und der Beamer zum Einsatz.

Das Referat/der Vortrag

Referate/Vorträge bestehen aus drei Teilen:

Die Einleitung

- Über welches Thema wird gesprochen?
- Was ist das Ziel?
- Wie ist das Thema gegliedert?
- Wie hängen die einzelnen Abschnitte zusammen?

Der Hauptteil

- Die Kapitel werden vorgetragen (vgl. Gliederung).
- Jeder Schüler ist für seine Kapitel verantwortlich.
- Die Themenblöcke sollten sich sinnvoll aufeinander beziehen.

Der Schluss

- kurze Zusammenfassung der Kernaussagen
- persönliche Stellungnahme der Gruppe
- Austausch und Fragerunde

Hilfsmittel

Sie helfen, einen Vortrag anschaulich zu gestalten und ihn mit Leben zu füllen. Informationen können besser aufgenommen werden, wenn man sie zusätzlich sieht. Als Hilfsmittel werden Plakate, Wandzeitungen, Folien, Modelle usw. verwendet. Die gängigsten Hilfsmittel sind Plakate und Computerpräsentationsprogramme.

Plakat

- Das Plakat sollte auch von den hinteren Plätzen aus zu lesen sein.
- im Vorfeld einen Entwurf anfertigen
- eine geeignete Auswahl an Bildern und Texten treffen und aufeinander abstimmen
- die Wirkung der Farben beachten
- den Gesamteindruck testen
- das Plakat in den Vortrag einbinden

55.1 Schüler präsentieren mit PowerPoint.

Präsentation mit dem Computer

- nicht zu viele Informationen auf eine Folie packen
- mit Farben und Effekten sparsam umgehen, sich auf das Wesentliche beschränken
- Folien nicht vorlesen, Schlagwörter und Überschriften in freier Rede erläutern
- vor der Präsentation alle technischen Geräte auf deren Funktion überprüfen

Tipps für die Präsentation

- laut und deutlich sprechen
- nicht zu schnell sprechen – Pausen machen
- frei sprechen – Karteikärtchen mit Notizen helfen
- Gestik und Mimik
- Blickkontakt zum Publikum suchen und halten
- offen und freundlich wirken
- Körperhaltung
- frei und aufrecht stehen
- Outfit: die Kleidung sollte angemessen sein

Aufgaben

1 Ihr habt nun Erfahrungen in dem Bereich Berufe in der Praxis gesammelt. Wen könnte euer Wissen interessieren?

2 Stellt die Inhalte eurer Präsentation zusammen.

3 Plant eine Präsentation.

4 Übt eure Präsentation, achtet auf die Tipps, die ihr auf der Doppelseite findet.

Die Berufsentscheidung überlegt treffen

Die Entscheidung über die Berufswahl steht nun an. Dabei helfen die Informationen, die man über einen Beruf zusammengestellt hat und besonders die praktischen Erfahrungen in den Betrieben. Auch die Klärung der eigenen Fähigkeiten, Kenntnisse und Interessen ist eine wichtige Grundlage dieses Schrittes.

Neben diesen sachlichen Gründen gibt es auch noch andere Beeinflussungen, beispielsweise das Image eines Berufes, die Erwartungen an einen Beruf, die Meinungen anderer Personen und vieles mehr.

Für die Berufswahl ist auch ein Blick in die Zukunft hilfreich. Natürlich kann man keine sicheren Aussagen über die Zukunft machen, aber in welche Richtung sich die Arbeitswelt entwickeln könnte, lässt sich schon absehen.

Auch über die eigene Lebensplanung sollte man sich Gedanken machen. Wie wird das mit Beruf, Freizeit und Familie zusammen funktionieren?

Berufe im Wandel

Arbeitswelt im Wandel

Die Schülerinnen und Schüler der 9. Klasse führten ein Projekt mit dem Thema „Arbeitswelt im Wandel der Zeit" durch. Dabei befragten sie Herrn Wolf, den Inhaber einer Druckerei am Ort, die bereits seit mehr als hundert Jahren besteht und seitdem von der gleichen Familie geführt wurde.

Frage: Wie wir in einem Prospekt Ihrer Druckerei gelesen haben, wurde sie 1901 gegründet. Wer aus Ihrer Familie hat damals in der Firma gearbeitet?
Antwort: Das war mein Großvater. Er war damals noch ziemlich jung, als er die Firma gegründet hat.

Frage: Sie haben zu jener Zeit noch nicht gelebt. Woher wissen Sie, wie damals gearbeitet wurde?
Antwort: Ich habe die Druckerei erst um 1950 übernommen. Aber mein Vater und Großvater haben mir viel über die Zeit davor erzählt. Früher wurde in der Druckerei eine Tageszeitung für den Landkreis hergestellt. Es gab die redaktionelle Arbeit, die daraus bestand, Zeitungsartikel zu schreiben oder Artikel anderer Autoren zu sammeln. Auch Werbeanzeigen aufzunehmen, gehörte zu den Aufgaben.

Frage: Wie wurde am Anfang in ihrer Druckerei gearbeitet?
Antwort: Alle Texte und Anzeigen wurden von Hand aus einzelnen Bleilettern, also Bleibuchstaben, zusammengesetzt. Zum Druck legte man die einzelnen Papierbögen damals von Hand in die Druckmaschine. Anschließend wurden die fertigen Druckbögen von Hand zusammengefaltet. Auch den Verkauf und die Verteilung der Zeitung erledigte die Druckerei selbst.

Frage: Wie viele Personen arbeiteten zu dieser Zeit in der Druckerei?
Antwort: Es waren 10 bis 15 Personen angestellt. Die Arbeit dauerte neun bis zehn Stunden am Tag, Der Beruf des Druckers war damals ein angesehener und begehrter Beruf. Heute drucken wir keine Zeitung mehr. Hauptsächlich werden Aufträgen von Firmen und Vereinen erledigt wie Werbeprospekte, Vereinsnachrichten und so weiter.

58.1 So sah eine Druckerei um 1920 aus.

58.2 Mit riesigen Druckmaschinen werden heute die Tageszeitungen gefertigt.

Frage: Können Sie uns auch erzählen, wie heute Zeitungen gemacht werden?
Antwort: Heute erfolgt der Zeitungsdruck mit Rotationsoffsetmaschinen. Die am PC geschriebenen Texte werden direkt an die Maschine gesandt, die daraus automatisch die Druckplatten erzeugt, die in den Druckmaschinen eingesetzt werden. Zukünftig soll sogar dieser Zwischenschritt entfallen und der PC direkt mit der Druckmaschine verbunden sein. Von der Papierrolle bis zur fertigen Zeitung werden alle Herstellungsschritte automatisch erledigt. Stündlich werden so mehr als 12 000 Exemplare fertiggestellt. Der Drucker wird immer mehr zum Druckmanager, der die Druckmaschine von einem Leitstand überwacht.

Aufgabe

Beschreibe die Unterschiede zwischen der Arbeit in der Druckerei früher und heute.

M

Methode: Projekt

Arbeitswelt im Wandel

Wer	Was	Wann	erledigt
Alle	Thema finden		X
Alle	Ideen sammeln zur Informationsbeschaffung		X

Die Schülerinnen und Schüler der Klasse 9 haben sich bei ihrer Projektarbeit für ein Thema entschieden, zu dem sie aus dem Berufswahlunterricht angeregt wurden. Sie berichten über den Projektverlauf: „Durch den Berufswahlunterricht sind wir auf die Idee zu unserem Projektthema ‚Arbeitswelt im Wandel' gekommen. Dabei wollen wir etwas über die Arbeitswelt von früher herausfinden und wenn möglich der heutigen Situation gegenüberstellen. Dann haben wir Ideen gesammelt, wie wir an die entsprechenden Informationen kommen könnten. Es wurden verschiedene Vorschläge gemacht: ältere Personen befragen, das Heimatmuseum besuchen, bei alteingesessenen Firmen nachfragen und im Internet recherchieren.

Einen Arbeitsplan haben wir auch aufgestellt. Hier haben wir festgelegt, wer welche Aufgaben übernimmt und bis wann sie erledigt sein sollten. Um Interviewpartner zu finden, haben wir einen Brief zusammengestellt, in dem wir unser Projekt beschrieben haben. Dieses Schreiben wurde allen Schülern ausgeteilt, damit sie ihn an ihre Großeltern weitergeben können. Außerdem haben wir diesen Brief auch in der Lokalzeitung veröffentlicht. Die Fragen wurden gemeinsam zusammengestellt. In Zweierteams haben wir die Interviews durchgeführt, die auch aufgenommen wurden. Die Zweierteams mussten sich auch um die Termine kümmern. Vorher übten wir die Befragung in einem Rollenspiel.
Die Befragungsteams waren auch dafür zuständig herauszufinden, wie die Arbeitsbedingungen heute aussehen jeweils passend zum Beruf ihres Interviewpartners. Die Interviews wurden am PC abgetippt und in einer Broschüre zusammengestellt. In einer Präsentation haben wir die früheren Arbeitsbedingungen der aktuellen Situation gegenübergestellt. Wenn möglich haben wir Fotos beigefügt. Die Ergebnisse wurden in der Klasse und am Schulfest präsentiert. Die besten Informationsquellen waren die Interviewpartner. Das Heimatmuseum war nicht so ergiebig. Die Absprache untereinander hat während der Durchführung nicht so gut geklappt. Wir hätten dazu feste Termine jede Woche ausmachen sollen."

Tipp

Personen, die aus eigener Erfahrung von früheren Zeiten berichten können, nennt man Zeitzeugen.

In einem Projekt wird ein von der Projektgruppe gewähltes Thema selbstständig bearbeitet. Gleichzeitig recherchiert die Gruppe die notwendigen Informationen zum Thema und bearbeitet sie. Das Ziel ist, ein Projektergebnis, ein Produkt zu erstellen und zu präsentieren. Das Produkt kann auch eine Aktion, zum Beispiel ein Spielenachmittag im Kindergarten, sein.

Aufgaben

1. Erstelle einen stichwortartigen Ablaufplan dieses Projektes.
2. Führt ein ähnliches Projekt „Arbeitswelt im Wandel" durch.
3. Gibt es Ergebnisse, die für deine Berufswahl von Bedeutung sind? Notiere.

Zukunftssichere Berufe

60.1 Sieht so der Arbeitsplatz der Zukunft aus?

Die Wahl eines Berufes ist eine aufwendige und nicht einfache Angelegenheit. Denn dabei muss eine ganze Reihe von Bedingungen beachtet werden. Dazu gehören unter anderem die eigenen Fähigkeiten, die unterschiedlichen Anforderungen des Ausbildungsberufes an die Jugendlichen oder auch das bestehende Ausbildungsangebot. Denn schließlich wollen junge Menschen, die vor der Entscheidung stehen, wissen, ob sich das Engagement in eine Ausbildung für die Zukunft lohnt und der gewählte Beruf auch eine gewisse Zukunftssicherheit bietet.

Experten äußern sich dazu

„Vor rund 40 bis 5o Jahren war man sich noch relativ sicher, dass man lebenslang den gelernten Beruf ausüben konnte. Die Wahrscheinlichkeit, bis zum Ruhestand im gleichen Betrieb bleiben zu können, war ziemlich groß.
Doch vor etwa 20 Jahren begann sich die Arbeitswelt durch rasanten technischen Fortschritt und die zunehmende Globalisierung zu verändern. Diese Entwicklung hat sich seitdem immer mehr beschleunigt und hält auch heute noch unvermindert an."

„Wer heute einen Beruf ergreift, der kann sich nicht sicher sein, diesen auch noch in 10 oder 20 Jahren auszuüben. Oder die Anforderungen in dem Beruf ändern sich so stark, dass er kaum noch etwas mit dem in der Ausbildung Gelernten zu tun hat. Berufe, die man sein ganzes Leben ausüben kann, gibt es auch heute noch. Aber es werden in den verschiedenen Berufsgruppen immer weniger."

„Eine Berufsausbildung lohnt sich allerdings immer. Denn wer eine Berufsausbildung erfolgreich beendet hat, zeigt Lernfähigkeit, Leistungsbereitschaft und Durchhaltevermögen. Außerdem erwirbt er grundlegende Kompetenzen. Diese erlernten Fähigkeiten stellen zudem wichtige Vorteile für einen eventuell notwendigen Berufswechsel dar. Außerdem wird das Angebot an Berufen ohne Ausbildung immer weiter zurückgehen."

„Die Wirtschaft und die Arbeitswelt entwickeln sich sehr unterschiedlich. Aber es gibt durchaus Bereiche, von denen man erwarten kann, dass sie auch in der Zukunft große Bedeutung haben werden.
Dazu gehören beispielsweise die Bereiche der Mikroelektronik, computergesteuerte Arbeitssysteme, Informations- und Transportsysteme sowie umweltverträgliche Produktionen und die Umwelttechnologie."

Eine immer größere Bedeutung wird auch dem Dienstleistungsbereich zukommen.
Gesicherte Voraussagen beziehungsweise Berufsprognosen, wie sich die Arbeitswelt tatsächlich entwickelt, kann man allerdings nicht machen. Solche Vorhersagen können überraschend eintretende Entwicklungen, beispielsweise neue Erfindungen oder politische Ereignisse, natürlich nicht berücksichtigen und übergehen meist regionale und individuelle Besonderheiten.

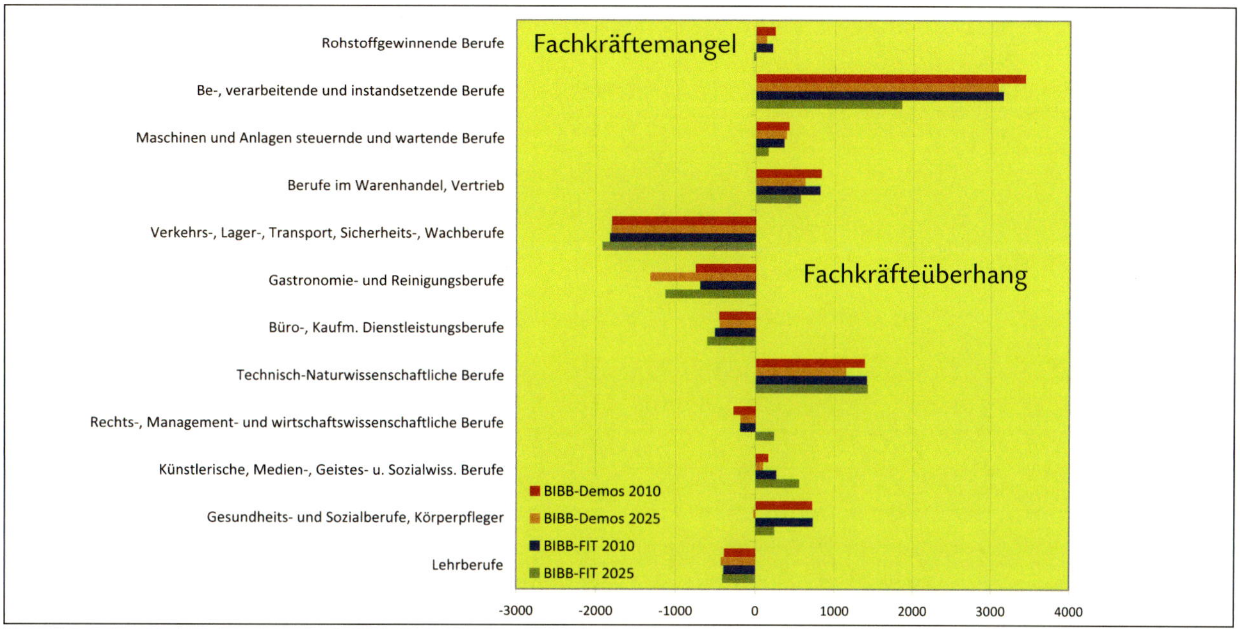

61.1 Quelle: BIBB-IAB-Qualifikations- und Berufsfeldprojektionen.

Orientierungshilfen

Zukunftsberufe als sicherer Aufzug zum beruflichen Erfolg bleiben eine unerfüllbare Wunschvorstellung. Es gibt aber einige Gesichtspunkte, an denen man sich orientieren kann:

- Wahrscheinlichkeit einer Beschäftigung nach der Ausbildung
- Nachfrage nach den entsprechenden Fachkräften auf dem Arbeitsmarkt
- günstiger Übergang zu anderen Berufen
- Chancen zum Aufstieg im Beruf
- gutes Einkommen
- berufliche Entwicklungs- und Weiterbildungschancen, Teilnahme am berufsspezifischen Fortschritt
- persönliche Bestätigung und Zufriedenheit
- positive Arbeitsbedingungen – wenig gesundheitliche Belastung.

(nach: Berufswelt 2000©, Deutscher Instituts-Verlag, Köln, 1991, Seite 12)

Aufgaben

1 Beschreibe zwei bis drei Entwicklungen, welche die Grafik zeigt.
2 Werte die Texte aus. Formuliere drei bis vier Kerngedanken.
3 Welche Hinweise auf die Zukunftsentwicklung deines Berufswunsches hast du bisher erhalten?

Arbeit – Familie – Freizeit

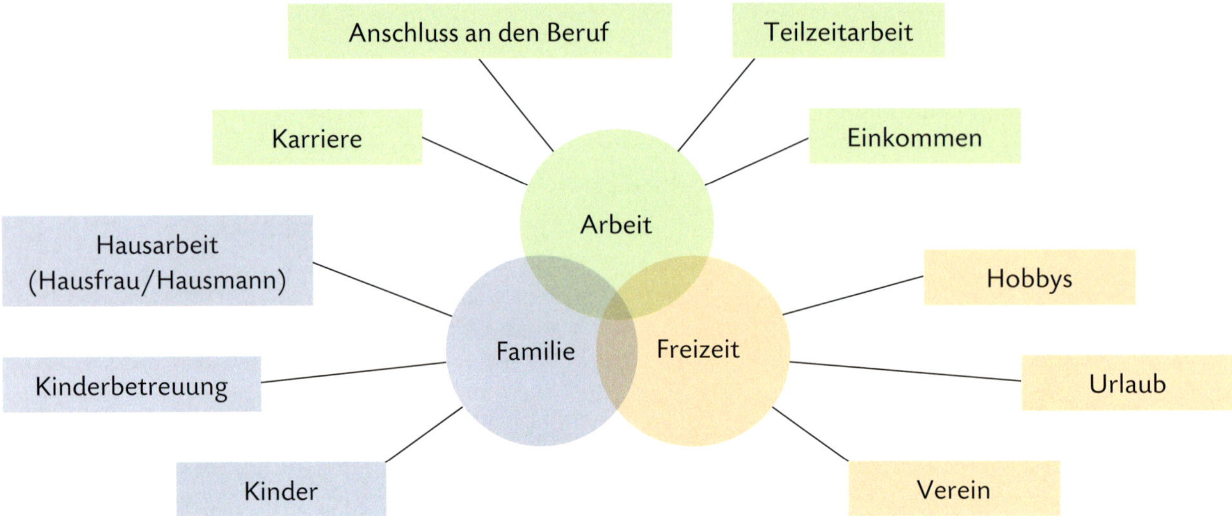

Fallbeispiele

Andrea hat eine Ausbildung als Bürokauffrau abgeschlossen und arbeitet seit sieben Jahren in einem Autohaus. Ihr Mann Mario hat den Beruf des Elektrikers gelernt und ist auch berufstätig. Nun bekommen sie ihr erstes Kind. Andrea will zunächst aufhören zu arbeiten. Wahrscheinlich wollen Andrea und Mario in ein bis zwei Jahren ein zweites Kind. Wenn die Kinder etwas älter sind, will Andrea wieder arbeiten, allerdings nur in Teilzeit. Ob sie allerdings nach der langen Pause wieder in ihrem erlernten Beruf arbeiten kann, ist nicht sicher. Denn nach ihrer Ausbildung hat sich bereits viel in ihrem Beruf geändert. Wie wird dies wohl nach der Kinderpause sein?

Sabine hat gleich nach der Berufsausbildung ihr erstes Kind bekommen. Ihr Partner arbeitete in seinem erlernten Beruf als Mechatroniker weiter. Inzwischen haben die beiden drei Kinder. Sabine war nach der Ausbildung nicht mehr berufstätig. Sie erledigte die Hausarbeit und betreute die Kinder. Roland machte dagegen Karriere in seinem Betrieb. Einen Teil seiner Freizeit verbringt er im Motorsportclub.

Eigentlich hatten Nathalie und Jörg vor, nachdem sie ein paar Jahre in ihrem Beruf gearbeitet haben, Kinder zu bekommen. Beide sind erfolgreich in ihrer Firma, haben Karriere gemacht und verdienen gut. In ihrer Freizeit können sie ihren vielen Hobbys nachgehen und regelmäßig in Urlaub fahren. Kinder wollen sie nun aber keine mehr.

Ayse und Emircan haben sich bei der Ausbildung im Einzelhandel kennengelernt. Emircan wollte nach der Ausbildung die mittlere Reife nachholen und arbeitete deshalb in Teilzeit. Dann ist Ayse schwanger geworden, und das Paar hat eine Tochter bekommen. Emircan behielt die Teilzeitarbeit bei und Ayse nahm nach der Elternzeit ebenfalls ihren Beruf wieder in Teilzeit auf. Sie können ihre Arbeitszeit so abstimmen, dass sie genügend Zeit haben, um ihre Tochter zu betreuen und die Hausarbeit zu erledigen.. Außerdem bleibt noch genügend Zeit, um ihren Hobbys nachzugehen.

Aufgaben

1. Wie haben sich die Paare in den Bereichen Arbeit, Familie, Freizeit entschieden?
2. Welche Auswirkungen haben die Entscheidungen jeweils? Beantworte die Frage mithilfe der Grafik.
3. Arbeit – Familie – Freizeit – was interessiert mich das jetzt? Diskutiert diese Aussage in der Klasse.

Beruf und Gesundheit

Ricardo hat im Kindergarten ein Praktikum gemacht und noch einige Fragen an die Erzieherin.

Frage: Bei meinem Praktikum ist mir aufgefallen, dass es immer ziemlich laut ist. Macht Ihnen das nichts aus?
Antwort: Wenn Kinder spielen, sind sie nicht leise. Das müssen sie auch nicht sein. Aber wenn viele Kinder in einer Gruppe zusammen sind, dann kann das ziemlich laut werden. Dieser Lärm belastet mich ganz schön.

Frage: Gibt es andere Belastungen in diesem Beruf?
Antwort: Körperlich ist der Beruf der Erzieherin nicht sehr anstrengend, aber er ist immer ziemlich stressig. Vor allem wenn plötzlich viele Kinder etwas von einem wollen.

Frage: Heißt das, Sie mögen den Beruf gar nicht?
Antwort: Nein, ich übe den Beruf gerne aus, denn die Arbeit mit den Kindern macht mir wirklich Freude. Die Belastungen muss man akzeptieren.

Auch Paula will nach ihrem Praktikum in einem Frisörsalon, das ihr Spaß gemacht hat, noch einiges wissen.

Frage: Mir ist aufgefallen, dass Sie sich beim Haareschneiden immer bücken, und am Nachmittag strecken Sie sich oft.
Antwort: In meinem Beruf muss ich viel stehen. Und Haareschneiden und waschen geht nur, wenn ich mich zum Kunden etwas nach vorne beuge. Das spüre ich dann gegen Abend schon im Rücken.

Frage: Warum suchen Sie sich nicht einen anderen Beruf?
Antwort: Ich übe meinen Beruf gerne aus. Um meinen Rücken zu stärken, betreibe ich in meiner Freizeit etwas Sport. Außerdem glaube ich, dass es in jedem Beruf körperliche Belastungen gibt.

Für viele Berufe gibt es Vorschriften, wie der Arbeitsplatz gesundheitsgerecht gestaltet werden muss. So sollen Gesundheitsschäden vermieden werden, zum Beispiel durch Ohrenschützer gegen Lärm, Staubfilter zum Schutz der Atemwege, Absaugung für Dämpfe usw. Trotzdem gibt es in vielen Berufen körperliche und gesundheitliche Belastungen. So kann eine Erzieherin keine Ohrstöpsel gegen Lärm tragen, weil sie die Kinder ja verstehen muss. Elektriker und Maler müssen häufig mit den Händen über dem Kopf arbeiten. Aber auch falsches Sitzen führt zu Verspannungen und belastet unter anderem die Bandscheiben.

Aktiv gegen körperliche Belastungen
Gegen körperliche und gesundheitliche Belastungen kann jeder selbst aktiv werden, zum Beispiel:

- die angebotenen Hilfsmittel wie etwa Gehörschutz, Mundschutz usw. verwenden,
- in seiner Freizeit durch sportliche Aktivitäten seinen Körper stärken und fit halten,
- zusätzliche Lärmbelastungen, wie sehr lautes Musikhören, vermeiden,
- selbst darauf achten, dass der Arbeitsplatz gesundheitsgerecht gestaltet ist,
- ...

Der Berufsberater rät:
Bei der Berufswahl ist es wichtig, gesundheitliche Anforderungen mit zu berücksichtigen. Aus den Berufsbeschreibungen können dazu entsprechende Informationen entnommen werden. Am besten testet man im Rahmen eines Praktikums, ob die körperlichen Voraussetzungen den Anforderungen des Berufes entsprechen. Auch eine Beratung durch den Arzt verhindert falsche Entscheidungen.

Aufgabe

Informiere dich über körperliche Belastungen beziehungsweise gesundheitliche Voraussetzungen in den Berufen, die dich interessieren.

Frauenberuf? – Männerberuf?

Immer noch weit verbreitet ist die Meinung, dass bestimmte Berufe nur von Männern oder Frauen ausgeübt werden sollten oder könnten. Dies kann man auch an der Berufswahlstatistik erkennen. Das Geschlecht spielt bei der Berufswahl der meisten Jugendlichen eine wichtige Rolle.

So wählen männliche Jugendliche meist Berufe im gewerblich-technischen Bereich wie zum Beispiel im Kfz-Handwerk und weibliche Jugendliche meist im sozialen Bereich oder Dienstleistungsbereich (Friseurin, Arzthelferin). Man spricht deshalb auch von sogenannten Männer- bzw. Frauenberufen.

Dieses Wahlverhalten ist nicht unproblematisch. Die Anzahl der Frauenberufe ist geringer als die der Männerberufe. Die Hälfte der Jugendlichen streitet sich um ein nicht ausreichendes Ausbildungsangebot. Außerdem stehen die Chancen für Mädchen in technischen Berufen ziemlich gut.

Allerdings gibt es in besonders beliebten Männerberufen sehr viele Auszubildende, sodass es schwieriger ist, nach der Ausbildung einen Arbeitsplatz zu bekommen. Genauso bedenklich ist aber auch der äußerst geringe Anteil an Männern in den erziehenden, helfenden und pflegenden Berufen. Gerade in den sozial-pflegerischen Berufen gibt es gute Aussichten, eine Stelle zu finden. Durch Weiterbildung hat man in diesen Berufen gute Chancen, Karriere zu machen.

Sinn fürs Technische

Auch für die Auszubildende **Silke Walz** kam nur etwas Technisches infrage. „In einem Büro zu arbeiten, konnte ich mir noch nie vorstellen", berichtete Silke. Sie entschied sich deshalb für eine Ausbildung zur Elektrikerin.

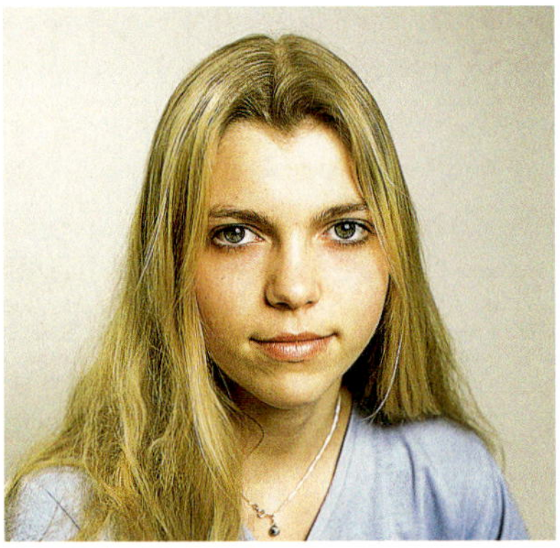

64.1 Silke Walz entschied sich für eine Ausbildung zur Elektrikerin.

Konstruieren, Drehen, Fräsen, Löten, Schweißen – das gehört zum Arbeitsalltag von **Maria Rhode**. Sie macht eine Ausbildung zur Konstruktionsmechanikerin. „Ich habe die Berufe im Büro, im Verkauf und in der Produktion kennengelernt. Das handwerkliche Arbeiten hat mir am meisten Spaß gemacht", erzählt Maria.

64.3 Maria will Konstruktionsmechanikerin werden.

Maria und Silke betrachten ihre Arbeit nicht als typische Männerarbeit. Die körperlichen Anforderungen sind beispielsweise durch Hilfsmittel wie Hebevorrichtungen längst nicht mehr so hoch wie früher. Und es werden zunehmend Fähigkeiten verlangt, in denen Mädchen besser abschneiden.

64.2 Auszubildende im Kfz-Handwerk.

„Im Freundeskreis ist es gut angekommen"

Als Mann in einem Erzieherteam kleine Kinder betreuen, sie wickeln und sie in ihrer Entwicklung begleiten? Das ist für Steffen Habann ganz normal. Seit gut zehn Jahren arbeitet der 34-Jährige als Erzieher.

Frage: Herr Habann, was hat Sie auf die Idee gebracht, Erzieher zu werden?
Antwort: Ich habe schon als Schüler eine Woche im Kindergarten hospitiert. Das hat mir so gefallen, dass ich dann auch das Vorpraktikum gemacht habe. Ich war auch schon viel Babysitten, so mit 16, 17. Um mein Taschengeld aufzubessern, aber auch, weil es mir viel Spaß gemacht hat, was mit kleinen Kindern zu machen. Dann war auch das erste Jahr im Kindergarten so toll, dass ich gedacht habe, da mache ich gleich die Ausbildung dazu.

Frage: Wie hat Ihr Umfeld darauf reagiert?
Antwort: Unterschiedlich. Meine Mutter war begeistert, mein Vater weniger. In meinem Freundeskreis ist es gut angekommen.

Frage: Arbeiten männliche Erzieher anders als weibliche?
Antwort: Mittlerweile ist das nicht mehr so klar wie noch vor 15 Jahren. Männer sind tendenziell risikobereiter.

Frage: Was gefällt Ihnen an diesem Beruf?
Antwort: Das ich viel selber entscheiden kann. Wir pädagogischen Kräfte sind in der Bärcheninsel alle gleichgestellt, intern gibt es keine Leitung. Es ist jeden Tag anders, nie langweilig, sehr vielfältig. Das macht einen großen Reiz

65.1 Noch ist der Anteil junger Männer im Erzieherberuf relativ gering.

aus. Man sieht, wie die Kinder groß werden. Das ist auch toll. Man kann kreativ sein, sich bewegen – all das, was man in einem Bürojob nicht machen kann.

Frage: Was glauben Sie, weshalb sich trotzdem immer noch relativ wenig junge Männer für den Erzieherberuf interessieren?
Antwort: Viele Männer sind unsicher im Umgang mit Kindern, trauen sich in der Öffentlichkeit nicht, aus sich herauszugehen, oder haben vielleicht Angst, etwas falsch zu machen. Weil das ja immer so eine frauenspezifische Geschichte war. Dann kommt sicher noch der Punkt dazu: „Was sagen meine Kumpels, was sagt der Freundeskreis, was sagen andere Männer dazu?"

(nach: Stuttgarter Zeitung, 14. Januar 2011)

Aufgaben

1 Welche Nachteile haben Jugendliche, wenn sie sich für geschlechtstypische Berufe entscheiden?
2 Diskutiert in der Gruppe über die Berufsentscheidung von Maria, Silke und Herrn Habann.

M Methode: Pro- und Kontradiskussion

Es kommt häufig vor, dass Menschen zu bestimmten Themen unterschiedlicher Meinung sind und miteinander darüber diskutieren. Die einen sind dafür. Im Lateinischen heißt das „pro". Andere sind dagegen. Im Lateinischen heißt das „kontra".

Mit einer Pro- und Kontradiskussion kann man sich über eine Streitfrage in geregelter Form auseinandersetzen. Unter der Anleitung eines Gesprächsleiters, eines Moderators, kann in einer größeren Gruppe über eine Streitfrage diskutiert werden. Beim „Streiten" über ein Thema sollte man sachlich bleiben. Bei der Auseinandersetzung soll man nur Argumente verwenden. Das sind stichhaltige, sachliche und verständliche Begründungen für die eigene Meinung. Mit den Argumenten will man die anderen überzeugen. Man muss auch bereit sein, die Argumente der anderen anzuerkennen, wenn man deren Richtigkeit erkannt hat. In einer Pro- und Kontradiskussion kann man sich auch eine eigene Meinung zu einem Thema bilden.

Vorbereitungen

Es werden zwei Gruppen gebildet. Zudem müssen ein oder zwei Diskussionsleiter gefunden werden, entweder von außerhalb oder aus den einzelnen Gruppen. Eine Gruppe vertritt dabei in der Streitfrage die „Pro-" und die andere Gruppe vertritt die „Kontraseite". Jede Gruppe sammelt ihre Argumente und bespricht sie untereinander. Möglicherweise muss man dazu noch recherchieren. Es ist sinnvoll, die Argumente schriftlich festzuhalten, beispielsweise auf Karteikärtchen. Sie bereitet sich auch auf zu erwartende Argumente der Gegenseite vor. Jede Gruppe wählt einen Spieler aus, der die Argumente in dem Gespräch vorträgt.

Durchführung

Der Gesprächsleiter nennt zu Beginn noch einmal das Thema. Er sorgt dafür, dass die Sprecher nacheinander die Argumente der Gruppe vortragen. Er erteilt dem Sprecher abwechselnd das Wort und achtet darauf, dass beide etwa die gleiche Redezeit bekommen. Die Gruppenmitglieder verfolgen das Gespräch und machen sich Notizen. Am Ende des Gesprächs können die Zuschauer noch Verständnisfragen an die Sprecher stellen.

Auswertung

Nach dem Gespräch äußern sich die beiden Sprecher, wie sie sich gefühlt haben. Dann besprechen alle den Verlauf. Wie haben sich die Sprecher verhalten? Wer ist auf die Argumente der Gegenseite eingegangen? Wie gut waren die vorgetragenen Argumente? Zum Abschluss ist auch noch eine Abstimmung über das Thema möglich.

Viele Berufsbezeichnungen haben gleiche oder Namensbestandteile wie „fachkraft", „bau", „mechanik", „industrie". Bei einer Untersuchung hat man zusammengestellt, wie sich die weiblichen und männlichen Ausbildungsanfänger auf die Berufe mit gleichem Namensanteil verteilen.

Namensbestandteil	Zahl der Ausbildungsgänge	Lehranfänger Lehranfängerinnen	prozentualer Anteil	
			männlich	weiblich
bau	59	30.554	94	6
bauer	38	20.867	94	6
büro	5	36.855	22	78
elektr	21	29.690	97	3
fach	52	100.017	65	36
facharbeiter/-in	7	3.582	100	0
fachmann/fachfrau	4	19.881	45	55
fachangestellte/-r	14	43.441	21	79
führer/-in	8	843	88	12
handel, händler	8	46.397	56	44
helfer/-in, hilf	3	18.202	1	99
industr	18	36.006	86	14
kaufmann/Kauffrau	33	143.000	40	60
mechaniker	62	64.870	95	5
mode, modist	3	1.081	3	97
techn	58	49.179	87	13
ver-, bearbeiter	1	232	98	2
werk	17	21.415	89	11

Quelle: Statistisches Bundesamt. Ergebnisse zum 31.12.2002; eigene Berechnungen. Nur Ausbildungsgänge mit mindestens 5 Lehranfängern.

L&P/2318

Aufgabe

Führt zum Thema „Sollen Frauen sogenannte Männerberufe ergreifen und Männer sogenannte Frauenberufe?" eine Pro- und Kontradiskussion durch.

Schule, Ausbildung oder Job

Nach der Schulzeit kann man in der Regel zwischen drei Wegen wählen: weiter zur Schule gehen, eine Ausbildung machen oder mit einem Job anfangen. Es scheint verlockend, in einem Job mehr Geld zu verdienen. Oder geht man weiter zur Schule, um einen höheren Schulabschluss zu erreichen? Mit der Berufsausbildung kann ein anerkannter Beruf erlernt werden. Je nach persönlicher Situation kann die Auswahl eingeschränkt sein.

Ich interessiere mich für die Ausbildung als Krankenpfleger. Da ich aber noch zu jung bin, um die Ausbildung zu beginnen, muss ich die Zeit durch einen Job zu überbrücken.

In vielen Ausbildungsberufen kann ich mich nach der Lehre weiterqualifizieren und einen besseren Arbeitsplatz bekommen.

Ich mache eine Ausbildung. Selbst wenn ich in diesem Beruf später keinen Arbeitsplatz bekomme, habe ich trotzdem viel bessere Chancen.

Ein Job ist für mich wie ein Praktikum, nur länger. Und ich verdiene gleich mehr Geld.

Bevor ich mit einer Ausbildung beginne oder weiter zur Schule gehe, mache ich ein freiwilliges soziales Jahr: Dies kann auch meine Chancen bei einer Bewerbung verbessern.

Ich gehe weiter auf die Schule, weil ich mich bisher für keinen Beruf entscheiden konnte.

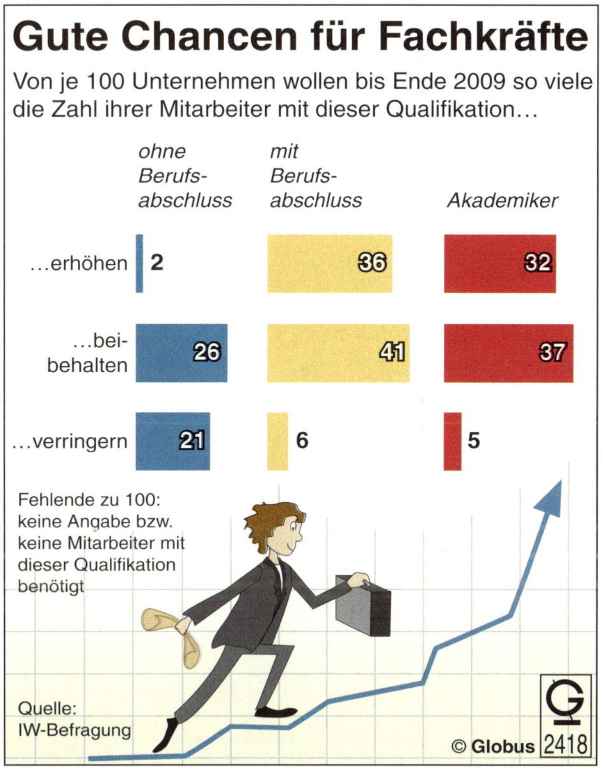

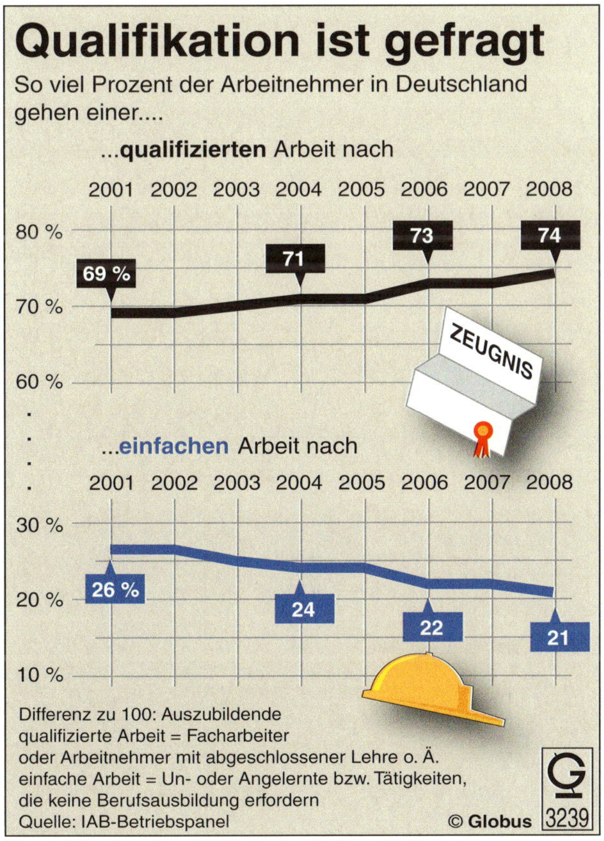

Aufgaben

1. Stelle aus den Äußerungen zusammen, welche Gründe für die jeweilige Entscheidung sprechen.
2. Wäge das Für und Wider zu der Frage „Ausbildung – Job – Schule?" in deiner jetzigen Situation ab.

Berufe und ihr Image

Eine nicht zu unterschätzende Rolle bei der Berufswahl spielt das Image eines Berufes. Unter „Image" versteht man die gefühlsbetonte Vorstellung von etwas, beispielsweise von einem Beruf. Obwohl das Bild nicht selten von falschen Vorstellungen beziehungsweise Vorurteilen geprägt ist. Dazu tragen auch die Werbung und die Medien bei. Nahestehende Personen verstärken möglicherweise noch diese Vorurteile.

Was beeinflusst die Berufswahl?

Die Umstellung des Ausbildungsplatzangebotes von „Mathematisch-technischer Assistent/-in" auf „Fachinformatiker/-in" in der Firma „globaldata" hatte zur Folge, dass der Anteil der weiblichen Bewerber von ungefähr 60 auf 20 Prozent zurückging.

Seit 1998 gibt es den Beruf „Mediengestalter/-in für Digital- und Printmedien", in dem ehemalige Berufe des Druckgewerbes wie „Schriftsetzer/-in" und „Reprohersteller/-in" aufgegangen sind. Inzwischen sind etwa zwei Drittel der Bewerber weiblich.

Trotz Ausbildungsplatzmangels bleiben immer wieder Stellen in Berufen unbesetzt, die von den Bewerbern gemieden werden. So hält viele Suchende wohl die Vorstellung ab, dass „Schornsteinfeger" ein sehr schmutziger und anstrengender Beruf ist. Dass der Schornsteinfeger heute meist in gepflegter Straßenkleidung seiner Arbeit nachgeht und mit Hightechgeräten Abgasuntersuchungen vornimmt, hat sich noch nicht herumgesprochen. Die Tätigkeiten im Beruf haben sich sehr gewandelt, die Berufsbezeichnungen und Vorurteile oft nicht.

Bei Untersuchungen zum Image von Berufen haben Berufswahlexperten festgestellt: „Die Berufsbezeichnungen sollen eine erste Vorstellung von den Berufsinhalten vermitteln – werden diese negativ bewertet, sind sie aus Sicht der Jugendlichen keine Imageförderer und finden häufig keine Beachtung mehr."
Die Berufsbezeichnung „Bäcker/-in" hört sich nicht so attraktiv an, „IT-Elektroniker/-in" dagegen schon. „Bäcker/-in" ist eine gebräuchliche Berufsbezeichnung und viele glauben zu wissen, wie der Bäcker arbeitet, zum Beispiel, dass er den ganzen Tag Teig knete und viel Kraft dazu brauchte. Ein weitverbreitetes Vorurteil."
Manchmal verbessert sich das Image eines Ausbildungsberufes nur durch die Veränderung der Berufsbezeichnung. Dass der Ausbildungsberuf „Gestalter/-in für visuelles Marketing" im Jahr 2008 so stark nachgefragt wurde, hat sicher auch mit seiner Umbenennung zu tun. Vorher hieß er „Schauwerbegestalter/-in". Aufgrund des neuen Namens schlossen die Jugendlichen auf einen anspruchsvollen Beruf, auch wenn sie sich nicht vorstellen konnten, welche Tätigkeiten in dem Beruf ausgeübt werden. Unter „Schauwerbegestalter/-in" stellen sie sich eher einen handwerklich-praktischen Beruf vor. Bei „Gestalter/-in für visuelles Marketing" vermuteten die Jugendlichen einen Beruf, in dem es um die computergestützte Gestaltung von Werbeauftritten geht. Es herrschte die Überzeugung vor, dass „Gestalter/-innen für visuelles Marketing" gebildetere und angesehenere Berufstätige seien als „Schauwerbegestalter/-innen".

Aufgaben

1 Notiere zu jeder Aussage den Kerngedanken.

2 Wie wirken sich die Berufsbezeichnungen auf das Image eines Berufes aus?

3 Überlege, ob bei deiner Berufswahl das Image eines Berufes eine Rolle spielt.

Berufswahl – meine Sache?

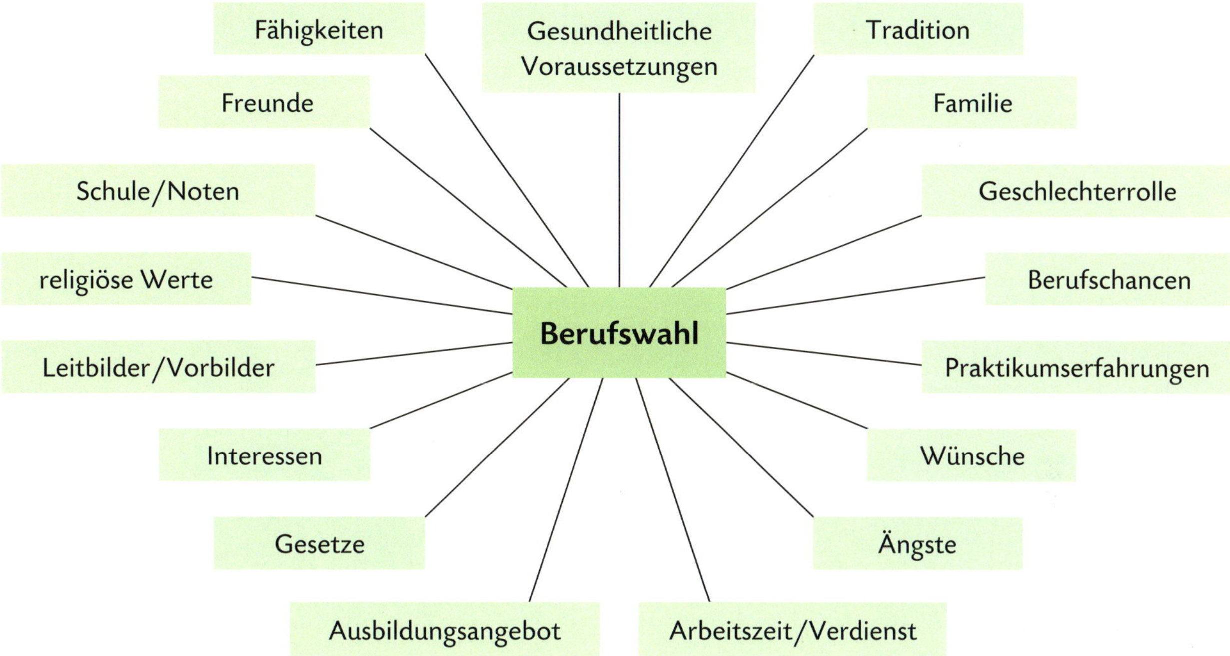

Die Berufswahl stellt eine ziemlich vielschichtige Angelegenheit dar. Viele Dinge müssen dabei bedacht werden. Dabei darf man nicht nur die Gesichtspunkte beachten, die die eigene Person betreffen, wie Interessen, Fähigkeiten, Wünsche usw., also Aspekte, die man selbst beeinflussen kann. Die Berufswahl ist auch von Bedingungen abhängig, die man nicht beeinflussen kann. Dazu gibt es noch Beeinflussungen, bei denen man genau überlegen muss, ob man sie berücksichtigen will oder nicht, wie Vorurteile, sachfremde Ratschläge usw.

Viona: „Den Beruf der Bäckerin finde ich echt prima. In der Ausbildung muss ich ja nicht so früh arbeiten. Später im Beruf geht es schon sehr früh los. Je nach Arbeitsplatz wird auch nachts gearbeitet. Die Arbeitszeiten gefallen mir nicht so. Aber vielleicht kann ich darüber mit dem Chef verhandeln."

Fritz: „Im Praktikum habe ich den Beruf des Anlagenmechanikers erkundet. Meine Betreuerin im Betrieb hat mir gesagt, dass ich mich geschickt angestellt habe. Wenn ich einen Ausbildungsplatz in diesem Beruf bekommen möchte, dann muss ich aber meine Leistung in der Schule verbessern. Da kann ich wohl nichts machen."

Tim: „Als ich mit meiner Familie über meinen Berufswunsch „Krankenpfleger" gesprochen habe, waren sie überhaupt nicht dafür. Das sei ein Beruf für Frauen. Man müsse immer nachts arbeiten und hätte nur immer Kranke um sich. Außerdem waren die Männer in unserer Familie im Baugewerbe tätig."

Anna: „Soll ich bei der Berufswahl berücksichtigen, ob man danach auch einen Arbeitsplatz bekommt oder ist das nicht so wichtig?"

Axel: „Mein Vater hat gesagt, dass ich mich nur für einen Ausbildungsberuf entscheiden soll, bei dem ich auch einen Arbeitsplatz bekomme."

Aufgaben

1 Was meinst du zu den fünf Äußerungen. Notiere.

2 Wähle fünf Einflüsse aus der Grafik aus und beschreibe, wie sich die jeweilige Beeinflussung zeigen kann.

3 Überlege, welche Gesichtspunkte der Berufswahl von dir beeinflusst werden können und welche nicht.

Ausbildungsplatzanforderungen

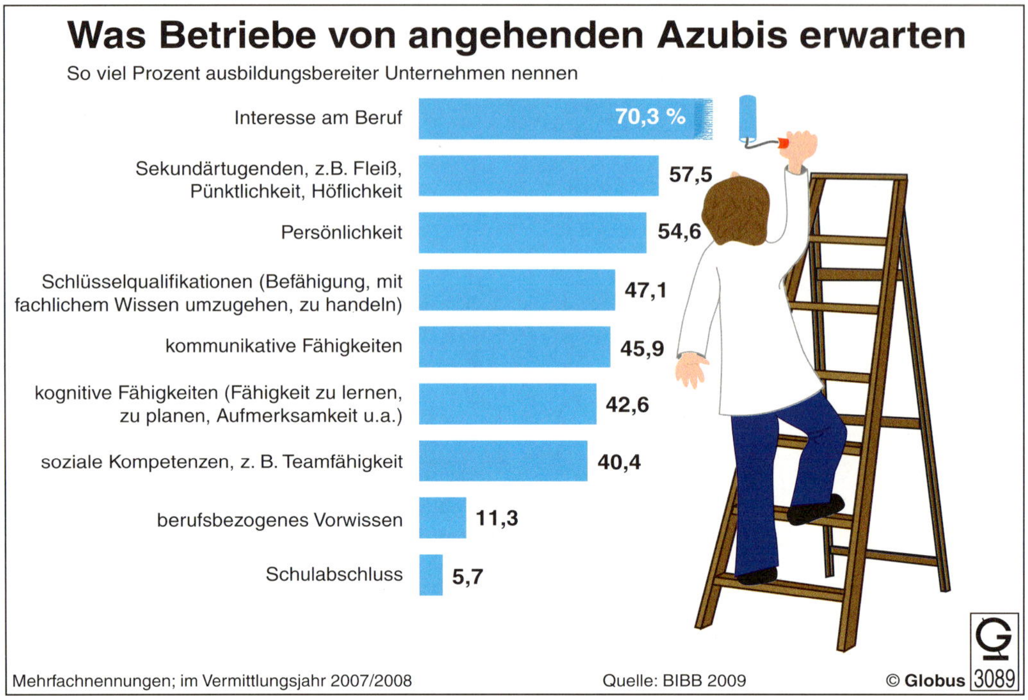

70.1 Grafik 1

Jeder Betrieb stellt bestimmte Anforderungen an die Jugendlichen, die eine Ausbildung machen wollen. Es wird erwartet, dass sie die entsprechenden Kompetenzen mitbringen. Passt dies nicht zusammen, kann es zu einer Beendigung des Ausbildungsverhältnisses kommen.

Neben diesem Grund gibt es noch weitere Ursachen, warum Ausbildungen abgebrochen werden. In der Probezeit zu Beginn der Ausbildung können beide Seiten das Arbeitsverhältnis beenden. Später ist dies im Normalfall nur von den Auszubildenden möglich. Im Jahr 2005 wurden etwa 21 Prozent der neu begonnenen Ausbildungen abgebrochen. Das heißt, jeder 5. neue Ausbildungsvertrag wurde vorzeitig aufgelöst.

Unter der Internetadresse www.planet-berufe.de (Rubrik „Jetzt starten" → „Schule & Praktikum") gibt es auch Tipps, wie du dich auf die Ausbildungsanforderungen vorbereiten kannst.

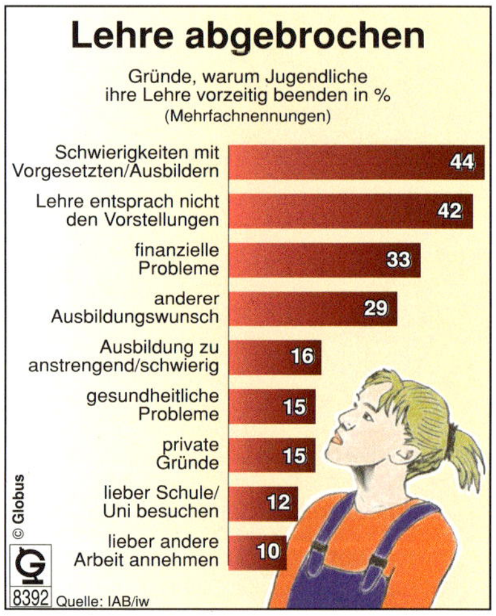

70.2 Grafik 2

Aufgaben

1. Welche Erwartungen der Betriebe erfülle ich (siehe Grafik 1)? Notiere.
2. Welche in der Grafik 2 genannten Gründe für den Abbruch einer Ausbildung kannst du selbst beeinflussen?

Berufsprofile

Profile gibt es in den verschiedensten Bereichen. Meist versteht man darunter den Umriss oder die Oberflächenbeschaffenheit beispielsweise bei Reifen oder dem Gesichtsprofil. Überträgt man dies auf Menschen, dann sind seine Fähigkeiten, Kenntnisse, Interessen gemeint. Bei Berufen versteht man unter dem Profil unter anderem die Anforderungen, die Tätigkeiten, wo gearbeitet wird usw. Ein Anforderungsprofil kann sich auch auf die Fähigkeiten beziehen, die man für einen Beruf braucht.

Fähigkeiten	niedrig	eher niedrig	mittel	eher hoch	hoch
Textverständnis					
Zusammenhänge erkennen					
handwerkliches Geschick					
technisches Verständnis					
Organisationsfähigkeit					
Einfühlungsvermögen					
Selbstständigkeit					
Sorgfalt					
Konfliktfähigkeit					
Teamfähigkeit					
Kommunikationsfähigkeit					
Belastbarkeit					
Verantwortungsbewusstsein					
räumliches Vorstellungsvermögen					
mathematisches Verständnis					

Aufgaben

1 Erstelle dein Fähigkeitsprofil.

2 Vergleiche danach in www.berufenet.de/oder www.planet-berufe.de die Anforderungen deines Berufswunsches mit deinem Anforderungsprofil.

Sich entscheiden

Die Entscheidung, welchen Weg man einschlagen will, stellt einen Meilenstein auf dem Weg ins Leben dar. Aus dem vielfältigen Angebot eine Wahl zu treffen, ist nicht leicht. Sie hängt von den verschiedensten Umständen ab, wie Fähigkeiten, Leistungen und Interessen Berufsanforderungen, Ausbildungsangebot usw. Außerdem gibt es noch verschiedene Einflüsse, bei denen man prüfen sollte, ob man sie berücksichtigen will oder nicht.

Verschiedene Einflüsse

Die Entscheidung ist auch von den verschiedensten Umständen abhängig, wie Fähigkeiten, Leistungen und Interessen Berufsanforderungen, Ausbildungsangebot usw. Außerdem gibt es noch weitere Einflüsse, bei denen geprüft werden sollte, ob sie bei der Berufswahl berücksichtigt werden oder nicht. Deshalb erscheint es sinnvoll, vor der Entscheidung die unterschiedlichen Bedingungen, die im Berufswahlunterricht kennengelernt wurden, noch einmal durchzugehen.

Wie war die Entwicklung vom ersten Wunschberuf bis zum überlegten Berufswunsch? Dabei sollte man überprüfen, ob die verschiedenen Gegebenheiten bei der Entscheidung entsprechend berücksichtigt wurden.

Aufgaben

1 Hast du deine Berufswahl überlegt getroffen? Überprüfe dies anhand der hier aufgeführten Punkte.

2 Welche kannst du als erledigt abhaken? Bei welchen solltest du noch einmal nachdenken? Mache für dich eine Checkliste.

Blick in die Zukunft

Wer hat sich nicht schon damit beschäftigt, was die Zukunft bringen wird? Wie wird sein Leben in 10, 30 oder 50 Jahren aussehen? In die Zukunft kann man nicht blicken, aber Wunschvorstellungen und Ziele kann man schon haben und anstreben. Bei diesen Vorstellungen spielt natürlich die Berufswahl eine große Rolle. Aber auch die persönliche Einstellung der Rolle von Mann und Frau in der Partnerschaft beeinflusst diese Zukunftsplanungen.

Natürlich hat jeder schon einige Lebensstationen hinter sich. Diese kann man auf einen Lebensstrahl eintragen. Den Lebensstrahl kann man fortführen und darauf seine Zukunftswünsche darstellen.

Geburt

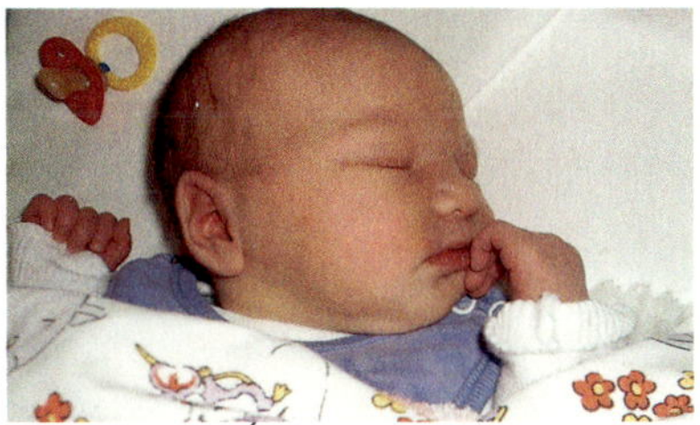

1. Klasse

Tipp

Man geht heute von einer Lebenserwartung von etwa 80 Jahren aus.

Laufen gelernt

Kindergarten

Schreiben gelernt

Aufgaben

1 Erstelle einen Lebensstrahl, markiere Zehnerschritte und trage sie deutlich ein. Verwende dazu zwei aneinandergeklebte DIN-A4-Seiten.

2 Gestalte den Lebensstrahl mit Fotos, Bildern usw. aus Zeitschriften, dem Internet ...

Sich erfolgreich bewerben

Auf der Grundlage von Informationen, Praxiserfahrungen und unter Berücksichtigung verschiedener Überlegungen hat man eine bewusste Berufsentscheidung getroffen. Nun geht es darum, einen Ausbildungsplatz zu bekommen.
Dieses Kapitel bietet Hilfen, sich erfolgreich zu bewerben. Dazu werden z. B. Tipps zur telefonischen Kontaktaufnahme, zum Bewerbungsschreiben, zum Lebenslauf ebenso gegeben wie zur Onlinebewerbung. Wenn man als Bewerber in die engere Wahl gekommen ist, spielen Einstellungstests, Assessment-Center und das Vorstellungsgespräch eine Rolle. Darauf wird in diesem Kapitel ebenso eingegangen wie auf gesetzliche Regelungen zur Berufsausbildung und mögliche Problemsituationen während der Ausbildung.

Einen Ausbildungsplatz suchen

Bundesagentur für Arbeit

Die Berufsberatung berät Jugendliche nicht nur bei der Berufswahl, sondern vermittelt auch Ausbildungsplätze. Anhand des Profils, das der Berufsberater, die Berufsberaterin im Beratungsgespräch angelegt hat, bekommt man passende Ausbildungsplätze angeboten. Man kann auch im Internet bei der JOBBÖRSE der Bundesagentur für Arbeit nach Ausbildungsstellen suchen, und zwar auf dreifache Weise:

- Man kann in eine Suchmaske seine Wünsche eingeben und bekommt dann Angebote genannt.
- Man kann von sich ein Bewerberprofil in die Datenbank eingeben, das Firmen dann einsehen können.
- Man kann sich registrieren lassen und bekommt dann Ausbildungsstellen per E-Mail angeboten.

Internetbörsen

Die Suche nach Ausbildungsplätzen kann auch zu Hause am PC beginnen. Im Internet finden sich eine Reihe von Ausbildungsplatzbörsen. Die wichtigsten sind die Lehrstellenbörsen der Industrie- und Handelskammern und der Handwerkskammer. Daneben gibt es auch privatwirtschaftlich betriebene Internetbörsen. Sie findet man, wenn man beispielsweise „Ausbildungsplatzbörsen" als Suchbegriff eingibt. Viele Unternehmen bieten zudem auf ihrer Homepage Ausbildungsplätze an.

Initiativbewerbung

Wenn sich aus Jobbörsen, Zeitungsanzeigen usw. nichts ergibt, bleibt die Möglichkeit der Initiativbewerbung. Damit ist gemeint, dass man bei einem Betrieb nachfragt, ohne dass dieser eine Ausbildungsstelle ausgeschrieben hat. Natürlich gehört etwas Glück dazu, durch eine Initiativbewerbung einen Ausbildungsplatz zu bekommen. Bei einer Initiativbewerbung sollte man beachten:

- vorher informieren, ob der Betrieb in der gewünschten Fachrichtung ausbildet,
- gut begründen, warum man sich gerade bei diesem Betrieb bewirbt,
- die Anfrage nicht allgemein an das Unternehmen, sondern an einen Ansprechpartner schicken; beispielsweise an den Chef der Personalabteilung.

Zeitungsanzeigen

Viele Unternehmen nutzen die Tageszeitung, um durch eine Anzeige nach Auszubildenden zu suchen. Die meisten Anzeigen erscheinen in den Samstagausgaben.

Wir suchen
zahnmedizinische Fachangestellte (ZMV, ZMP, ZMF)
Auszubildende

Zahnärzte
Dr. Lukas Loch (Tätigkeitsschwerp. Implantologie)
Dr. Karl Karies (Tätigkeitsschwerp. Endodontie)
Brückenstraße 32, 27077 Riegen
Telefon 0123/87654 www.karies-ade.de

2011 eine **Ausbildung** bei der
Stadt Hilchenbach beginnen!

Die Stadt Hilchenbach sucht zum 1. August 2011 eine/n Auszubildende/n für die Beamtenlaufbahn im mittleren nichttechnischen Verwaltungsdienst – Ausbildungsdauer zwei Jahre. Die Bewerbungsfrist endet am 24.6.2011.
Nächeres dazu lesen Sie im Internet unter www.hilchenbach.de in der Rubrik Verwaltung – Stellenangebote.

Hi
Hilchenbach

Aufgaben

1 Untersuche die vier Möglichkeiten der Ausbildungsplatzsuche nach Vor- und Nachteilen. Notiere deine Einschätzung stichwortartig.

2 Beschreibe kurz, wie du bei der Suche nach einem Ausbildungsplatz vorgehen willst.

Telefonische Kontaktaufnahme

Nicht alle Firmen inserieren in den Tageszeitungen oder im Internet, wenn sie Auszubildende suchen. Dennoch stellen sie ein. Auch enthält eine Anzeige manchmal nur wenige Informationen über den Ausbildungsbetrieb. Wer Genaueres erfahren will, muss den Arbeitgeber anrufen und mit der Personalabteilung sprechen. Mit unbekannten Erwachsenen zu telefonieren ist nicht so leicht. Dennoch sollte man nicht einfach eine Bewerbung auf gut Glück verschicken. Denn ein Telefongespräch kann einen stärkeren Eindruck hinterlassen als nur die Bewerbungsunterlagen. Nach einem ersten Gespräch ist die Chance höher, dass die Bewerbung aufmerksam gelesen wird.

Tipps zum richtigen Telefonieren

1. Überlege dir genau, was du sagen und fragen willst.
2. Bleibe immer höflich.
3. Telefoniere immer ausgeruht.
4. Wenn du noch unsicher bist, können deine Eltern den Anruf für dich erledigen.
5. Schreibe während des Gesprächs das Wichtigste in Stichworten mit.
6. Kaugummikauen beruhigt ungemein. Es stört nicht beim Telefonieren.
7. Halte deine Bewerbungsunterlagen bereit.
8. Lasse dich mit einem Mitarbeiter der Personalabteilung verbinden. So erhältst du verlässliche Informationen.
9. Ist kein Mitarbeiter der Personalabteilung da, bittest du um Rückruf.
10. Wenn du aufgeregt bist, spreche so, wie du immer sprichst. Durch deine Jugendsprache und deinen Dialekt wirkst du sogar persönlicher.
11. Erkläre alles ganz genau und ausführlich.
12. Versuche, dein Anliegen möglichst knapp zu schildern.
13. Notiere dir den Namen des Gesprächspartners.
14. Lasse im Hintergrund das Radio laufen. Musik beruhigt die Nerven.
15. Achte auf dein Sprechtempo.
16. Rufe von deinem Handy aus an. Am besten an der frischen Luft.
17. Rede ohne Begrüßung drauflos. Du brauchst dich auch nicht zu verabschieden.
18. Schreibe dir den Anfangs- und Schlusssatz vorher auf.

Tipp

Das richtige Telefonieren kann man zu zweit üben. Überlegt euch Fragen des Anrufers und Fragen der Personalabteilung. Führt dann das Gespräch als Rollenspiel und nehmt es auf.

Aufgaben

1 Welche der Tipps zum richtigen Telefonieren hältst du für richtig? Notiere die Nummer und formuliere jeweils eine kurze Begründung.

2 Bereite ein Telefongespräch vor, bei dem du dich über eine Ausbildungsstelle informieren willst. Mache dir Notizen.

Bewerbungsschreiben

Wenn man sich bei einem Betrieb um eine Ausbildungsstelle bewirbt, schickt man in der Regel ein Bewerbungsschreiben – es wird auch als Anschreiben bezeichnet –, den Lebenslauf und Anlagen wie Zeugniskopien, Praktikumsbescheinigungen und so weiter. Das Bewerbungsschreiben ist wie eine Visitenkarte, die die Tür für einen Ausbildungsplatz öffnen soll. Denn anhand der schriftlichen Bewerbungen suchen die Betriebe aus, wer für das weitere Verfahren ausgewählt wird oder nicht. Man muss also mit seinen Unterlagen den Betrieb davon überzeugen, dass man als Bewerberin oder Bewerber interessant sein könnte.

Ein Bewerbungsschreiben hat bestimmte Textelemente:

Ⓐ Anlagen / Ⓑ Absender / Ⓒ Anliegen / Ⓓ Anrede / Ⓔ Anschrift / Ⓕ Begründung des Berufswunsches / Ⓖ Betreff Ⓗ Bitte um Einladung / Ⓘ derzeitige persönliche Situation / Ⓚ Grußformel / Ⓚ Datumsangabe / Ⓛ eigenhändige Unterschrift

Jedes Textelement erfüllt eine bestimmte Funktion, zum Beispiel diese:

(I) Wohl der inhaltlich wichtigste Absatz deiner Bewerbung. Hier nennst du überzeugende Gründe für deinen Ausbildungsplatzwunsch.

(II) Manche Betriebe bieten mehrere Ausbildungsplätze an. Hier machst du deutlich, um welche Stelle du dich bewirbst.

(III) Unbedingt nötig, damit dein Brief auch ankommt. Versuche immer, an einen Ansprechpartner zu schreiben.

(IV) Unbedingt nötig, damit man dir antwortet. Wenn du zusätzlich deine E-Mail-Adresse angibst, musst du regelmäßig in deinem Postfach nachsehen.

(V) Hier beginnt dein Brief. Wenn du keinen Ansprechpartner kennst, schreibe „Sehr geehrte Damen und Herren".

① Jörg Schulenburg ② 23.04.2011
Uelzenerstraße 12
88996 Eisenstadt
E-Mail: jörg.schulenburg@eisenstadt.de

③ Firma Eisen & Stahl GmbH
Frau Erz
Hüttenweg 5
88996 Eisenstadt

④ **Bewerbung um einen Ausbildungsplatz als Werkzeugmacher**
Ihr Inserat im Eisenstädter Anzeiger vom 21.4.4.2011

⑤ Sehr geehrte Frau Erz,

⑥ da ich gern einen handwerklichen Beruf erlernen möchte und mich die Arbeit im Metall- und Werkzeugbereich sehr interessiert, bewerbe ich mich bei Ihnen um eine Ausbildung zum Werkzeugmacher.

⑦ Zurzeit besuche ich die Ferrum-Realschule in Eisenstadt, die ich im Sommer 2011 voraussichtlich mit dem Realschulabschluss beenden werde. Zu meinen Lieblingsfächern zählen Mathematik und Technik.

⑧ In einem dreiwöchigen Praktikum bei der Firma Rost & Guss in Eisenstadt konnte ich die Arbeit eines Werkzeugmachers etwas näher kennenlernen. Während dieser Zeit habe ich festgestellt, dass ich meine handwerklichen Fähigkeiten und meine Arbeitsweise in diesem Beruf gut umsetzen kann.

⑨ Über eine Einladung zu einem Vorstellungsgespräch würde ich mich sehr freuen.

⑩ Mit freundlichen Grüßen

⑪ Jörg Schulenburg

⑫ Anlagen:
Lebenslauf mit Foto
Kopien der letzten beiden Zeugnisse
Beurteilung zum Schülerpraktikum

Aufgaben

1 Welche Hinweise auf eine gute Bewertung gibt die Geschäftsführerin? Notiere.

2 Das Beispiel eines Bewerbungsschreibens enthält zwölf Textelemente. Ordne die Bezeichnungen (Großbuchstaben) den Textelementen (Ziffern) zu.

3 Auf welche Textelemente beziehen sich die fünf Erklärungen? Ordne den römischen Zahlen die entsprechenden Großbuchstaben zu.

4 Schreibe eine Bewerbung zu deinem Wunschberuf.

Lebenslauf

Ein korrekter und inhaltlich aussagefähiger Lebenslauf ist ein wichtiger Bestandteil der Bewerbung. Früher wurde er handschriftlich als Text verfasst. Heute ist die tabellarische Form und die Erarbeitung am PC üblich.

Lebenslauf

Persönliche Daten

Name:	Schulze
Vorname:	Kristina
Anschrift:	Am Hang 3 33445 Oberdorf
Telefon:	0321 223344
E-Mail:	Kristina.Schulze@oberdorf.net
Geburtsdatum:	14.2.1994
Geburtsort:	Unterdorf
Eltern:	Walter Schulze, Logopäde Senta Schulze, Bauzeichnerin
Geschwister:	Sven, 10 Jahre, und Katja, 14 Jahre
Religionszugehörigkeit:	evangelisch

Schulbildung

2000–2004	Erich-Kästner-Grundschule Oberdorf
Seit 2004	Realschule am Kreuzberg, Oberdorf
Lieblingsfächer:	Mathematik, Deutsch, Informatik
Voraussichtlicher Abschluss:	Realschulabschluss voraussichtlich im Juni 2010

Praktikum

7.–30.1.2009	Praktikum bei Hörakustik Hohmann in Unterdorf
Weitere Kenntnisse	EDV (MS-Office-Paket)
Hobbys	Hockey (SV Oberdorf) Lesen Computer

Oberdorf, 23.3.2010

Kristina Schulze

- Das Foto soll vom Profi gemacht sein und dich natürlich zeigen. Zu grelle Aufmachung vermeiden.
- Die Angaben zu Eltern und Geschwistern sind nicht zwingend, werden aber von den Betrieben gewünscht, besonders wenn du noch nicht über 18 bist.
- Die Religionszugehörigkeit musst du nur erwähnen, wenn es vom Betrieb gefordert wird. Staatsangehörigkeit nur dann angeben, wenn man nicht die deutsche Staatsangehörigkeit besitzt.
- Verdeutliche mit der Nennung von Lieblingsfächern deine Eignung für den Beruf.
- Verschweige nicht, wenn du schon Kontakt zur Arbeitswelt hattest.
- Hobbys beweisen, dass du dich engagierst und vielseitig interessiert bist.

Aufgabe

Erstelle einen eigenen tabellarischen Lebenslauf.

Online bewerben

Viele Betriebe wickeln einen Großteil ihres Schriftverkehrs über das Internet ab. Einige erwarten deshalb von den Interessenten, dass sie ihre Bewerbung per E-Mail schicken. Andere Betriebe stellen Formulare ins Internet, mit denen man sich online bewerben kann. Man muss dazu Eingabefelder ausfüllen und am Ende auf „Senden" klicken. Die Betriebe prüfen die Online-Bewerbung und melden sich dann mit einer E-Mail.

E-Mail-Bewerbung

Amanda bewarb sich per E-Mail bei Optiplan. (...) Es war Amandas erste Begegnung mit der E-Mail-Bewerbung. Sie fragte deshalb ihre Mutter um Rat.

Diese empfahl Amanda, Zeugnisse und Praktikumsbescheinigungen einzuscannen. Danach sollte sie diese mit Anschreiben und Lebenslauf in einer PDF-Datei zusammenfassen. (...)

Dann legte Amanda eine neue E-Mail-Adresse an. „Ich hatte zwar bereits eine Adresse. Aber ich wollte meine privaten E-Mails nicht mit den Bewerbungs-E-Mails mischen", erklärt sie. Außerdem hatte sie dadurch die Möglichkeit, eine seriöse Adresse zu wählen. Sie entschied sich für Vorname.NachnameGeburtsdatum@e_mail.de. „Denn Spitznamen wären beim Betrieb nicht gut angekommen", sagt sie.

Im letzten Schritt verfasste Amanda die E-Mail. In die Betreffzeile gab sie ein, dass sie sich für den Ausbildungsplatz als Mediengestalterin Digital und Print in der Fachrichtung Gestaltung und Technik bewirbt.

„Im E-Mail-Textfeld habe ich dann den Ansprechpartner bei Optiplan begrüßt und ihm erklärt, warum ich die E-Mail schreibe und was der Anhang enthält", sagt Amanda. Sie las alles noch mal aufmerksam durch und klickte dann auf „Senden".

Online-Bewerbungsformular

Der Weg bis zum „Senden" verlief für Lucas ein wenig anders. Er bewarb sich nicht per E-Mail, sondern per Online-Bewerbungsformular – auf der Homepage der Firma ESTA. Dort hatte er sich über den Beruf Mechatroniker informiert. „Am Ende der Seite war dann ein Link zum Online-Bewerbungsformular", erinnert sich der 22-Jährige.

Lucas folgte dem Link, um zu sehen, was ihn erwartet. (...)

Als klar war, was er für das Online-Bewerbungsformular brauchte, bereitete Lucas die Unterlagen vor. Gefordert waren Lebenslauf, Anschreiben und Zeugnisse. Diese Dokumente fasste Lucas in einer PDF-Datei zusammen. „Ich habe außerdem eine Praktikumsbescheinigung ins PDF aufgenommen", sagt Lucas. (...)

Danach füllte er das Online-Bewerbungsformular aus. Dabei musste er Fragen beantworten, z. B. nach seinen Kenntnissen und seinem schulischen Werdegang. „Ich habe alles ausführlich beantwortet, obwohl sich manches mit meinem Lebenslauf überschnitt", sagt der angehende Mechatroniker. Bevor er auf „Senden" klickte, bat er seine Eltern, alles durchzulesen und zu prüfen.

Quelle: planet-beruf.de. 5/10, S. 20f.

Aufgaben

1 Schreibe eine Initiativbewerbung für den Beruf, den du gerne erlernen möchtest. Schicke die E-Mail an eine Mitschülerin oder einen Mitschüler. Die oder der soll dir im Antwortschreiben mitteilen, ob du Chancen hast, zu einem Vorstellungsgespräch eingeladen zu werden.

2 Überlege, welche Fehler wohl am häufigsten bei einer Online-Bewerbung gemacht werden.

Checkliste Bewerbungsunterlagen

Bewerbungsmappe

Die Bewerbungsunterlagen werden in einer Mappe geordnet. In Schreibwarengeschäften sind unterschiedliche Mappen erhältlich. Es muss nicht die teuerste sein, man sollte aber darauf achten, dass sie gut aussieht. Jede Mappe sollte nur einmal verwendet werden. Die Personalchefs erkennen es, wenn eine Mappe schon einmal verschickt wurde.

Das Anschreiben, also das Bewerbungsschreiben, liegt lose in der Mappe. Die übrigen Unterlagen werden in dieser Reihenfolge in die Mappe eingeordnet:

- Deckblatt
- Lebenslauf (mit Foto, falls man es nicht schon auf dem Deckblatt verwendet hat)
- Zeugniskopien, Praktikumsbescheinigungen und sonstige Anlagen.

Die Bewerbung kommt in einen DIN-A4-Umschlag, am besten mit einem Papprücken, damit die Mappe nicht geknickt ankommt. Anschrift und Absender schreibt man entweder mit sorgfältiger Handschrift direkt auf den Umschlag oder man druckt am PC ein Adressenetikett aus. Die Adresse im Anschreiben und auf dem Umschlag muss identisch sein.

82.1 Verschicke keine verknickten oder unsauberen Bewerbungsunterlagen!

Checkliste

Bevor man seine Bewerbungsunterlagen abschickt, sollte man überprüfen, ob alles vollständig ist. Dabei kann diese Checkliste helfen:

- Passt das Anschreiben zur Ausbildungsstelle?
- Habe ich ansprechende Formulierungen verwendet?
- Ist mein Lebenslauf vollständig?
- Ist die Rechtschreibung korrekt?
- Sind meine Anlagen vollständig?
- Verwende ich nur Kopien und keine Originale?
- Sind Anschreiben und Lebenslauf unterschrieben?
- Sind die Kopien einwandfrei (z.B. ohne Streifen)?
- Ist meine Bewerbungsmappe vollständig?
- Sind die Anlagen in der Mappe in der richtigen Reihenfolge?
- Liegen alle Unterlagen in derselben Papierfarbe vor?
- Sind meine Unterlagen frei von Knicken und Verschmutzungen?
- Habe ich die gesamten Bewerbungsunterlagen von jemand anderem (Lehrer, Eltern, Sozialarbeiter ...) auf ihre Korrektheit überprüfen lassen?
- Habe ich den Umschlag richtig adressiert?
- Ist der Brief ausreichend frankiert?

Tipp

Gehe im Onlineportal „planet-beruf.de" auf die Navigationsleiste und dann auf die Rubrik „Bewerbungstraining". Dort gibt es viele Informationen rund um die Bewerbung.

Aufgabe

Überprüfe deine Bewerbung anhand der Checkliste.

Einstellungstests

Zu Einstellungstests werden meist viele Bewerber eingeladen. Mit diesem Verfahren sollen diejenigen ausgewählt werden, die in die engere Wahl kommen. Getestet wird beispielsweise Allgemeinwissen, aber auch sprachliches und mathematisches Wissen, logisches Denkvermögen oder die Kreativität. Jeder bearbeitet die Tests für sich alleine. Für die Erledigung der Aufgaben gibt es jeweils Zeitvorgaben.
In der Regel dauern die Eignungstests zwei bis drei Stunden.

A Mit welcher Zahl lässt sich die Aufgabe lösen?

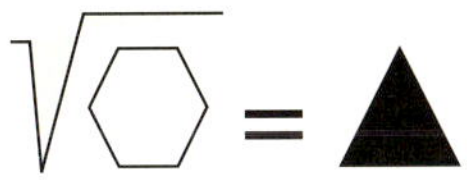

a	b	c	d	e
1	9	7	8	6

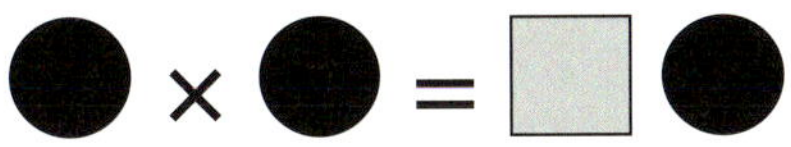

a	b	c	d	e
1	0	9	8	6

a	b	c	d	e
1	0	5	6	3

a	b	c	d	e
6	4	0	3	1

B Ist die Aussage richtig oder falsch?
Märchen sind:

A Hänsel und Gretel
B Die Vogelhochzeit
C Schneeweißchen und Rosenrot
D Pünktchen und Anton

C Welche Wortpaare stehen im gleichen Verhältnis?
Sommer : Meer = Winter : ?

A Ski
B Sonne
C Berg
D Kälte
E Langlauf

Tipp

Besorge dir das Heft „Orientierungshilfe zu Auswahltests – Training, Tricks, Taktik“ der Bundesagentur für Arbeit.

Aufgaben

1 Löse die Testaufgaben. Überlege, welche Fähigkeiten mit solchen Aufgaben getestet werden.

2 Frage in deinem Freundeskreis nach, ob jemand Erfahrungen mit Einstellungstests gemacht hat. Was kann er oder sie berichten?

Das Assessment-Verfahren

Besonders größere Firmen laden ihre Bewerber in ein Assessment-Center ein. Das geschieht oft nach dem Einstellungstest, sofern er denn überhaupt durchgeführt wird, und vor dem Vorstellungsgespräch. Wer zu einem Assessment-Verfahren eingeladen wird, hat also eine wichtige Hürde auf dem Weg zum Ausbildungsplatz bereits überwunden. Das englische Verb „to assess" bedeutet so viel wie „abschätzen, feststellen, bewerten". Darum geht es auch beim Assessment-Center.

Ⓐ Warten, dass es losgeht, persönliche Vorstellung, gemeinsam Aufgaben lösen, zum Abschluss etwas essen. Während des gesamten Assessment-Centers wirst du beobachtet. Wenn du in der Gruppe zwar alle Aufgaben hervorragend löst, aber beim Essen über andere lästerst, wirst du sicher nicht eingestellt. Es wird nämlich nicht nur darauf geachtet, wie gut du im Team arbeiten kannst, sondern auch wie du dich gegenüber anderen Personen verhältst. Es kann sogar sein, dass einer der Mitbewerber tatsächlich ein Mitarbeiter der Firma ist.

Ⓑ Etwa 10 bis 15 Mitbewerber um den Ausbildungsplatz nehmen mit dir an dem Assessment-Center teil. Im Unterschied zum Eignungstest musst du mit den Mitbewerbern zusammen die gestellten Aufgaben lösen. Es geht bei den Aufgaben nicht darum, den anderen zu besiegen, sondern seine eigenen Stärken so gut wie möglich zu zeigen. Die spätere Arbeit wird in den Aufgaben gespielt. Deshalb musst du bei manchen Übungen mit den anderen zusammenarbeiten. Der Mitbewerber ist zwar dein Konkurrent, kann aber später auch dein Kollege sein, wenn der Betrieb mehrere Ausbildungsplätze vergibt.

Ⓒ Einige Firmen vergleichen das Assessment-Center mit einem Azubi-Casting. Wie bei einem anderen Casting auch kannst du dich auf das Assessment-Center vorbereiten. Dazu sammelst du am besten Informationen über das Unternehmen und den Ausbildungsberuf. Du solltest außerdem eine Präsentation der eigenen Person vorbereiten. Frage andere, die bereits an einem Assessment-Center teilgenommen haben, welche Erfahrungen sie dort gemacht haben. Des Weiteren werden in der Schule viele Methoden eingesetzt, die auch in Assessment-Centern verwendet werden, wie beispielsweise Rollenspiel, Kurzreferat, Gruppenarbeit oder Gruppendiskussionen.

Ⓓ Du wirst während des Assessment-Verfahrens beobachtet. Man will wissen, wie du wirklich bist. Verhalte dich deshalb am besten ganz natürlich. Ein Schauspieler wird nicht gesucht. Denke aber daran, die Gesprächsregeln bei der Vorstellung, im Interview oder bei Diskussionen einzuhalten. Beweise, dass du teamfähig bist. Das ist im Assessment-Verfahren wichtiger, als eine Aufgabe allein und schnell zu lösen. Bleibe immer höflich und zeige gutes Benehmen gegenüber allen anderen Teilnehmern.

Aufgaben

1 Ordne folgende Überschriften den richtigen Textabschnitten zu:
Vorbereitung – Mitbewerber – Beobachtung – Auftreten.

2 Bearbeitet folgende typische Aufgaben aus einem Assessment-Center:
Erstelle eine Präsentation über dich. Als Material erhältst du ein DIN-A3 oder ein DIN-A2 Blatt und einen Präsentationsstift.
Baut in der Gruppe aus 20 Blatt DIN-A4 Papier mit Klebstoff und Schere einen Turm, der eine Minute lang bei Windstille stehen bleibt.

Vorstellungsgespräch

Was verlangt der Ausbilder?

„Ich bin in unserem Betrieb für die Einstellungen zuständig. Dazu gehört, dass ich jedes Jahr viele Vorstellungsgespräche mit Jugendlichen führen, die sich um einen Ausbildungsplatz bewerben. Natürlich kann ich nicht jede Bewerberin und jeden Bewerber einladen. Ich schaue deshalb die Bewerbungsschreiben genau an und achte auf die Noten. Für mich spielt eine wichtige Rolle, ob die Bewerbungsunterlagen ordentlich erstellt sind und ein Praktikum gemacht wurde. Nur wer diese erste Hürde geschafft hat, wird von mir zum Vorstellungsgespräch eingeladen.

Die Bewerbungsunterlagen können noch so gut sein; um entscheiden zu können, wem wir einen Ausbildungsplatz geben, müssen wir uns einen persönlichen Eindruck vom Bewerber verschaffen. Wie verhält er sich? Wie tritt er auf? Wie sind seine Umgangsformen? Wir möchten vom Bewerber wissen, warum er sich gerade für die Ausbildung in unserem Betrieb interessiert. Außerdem sollte er begründen können, warum er gerade diesen Berufswunsch hat. Es kann ja sein, dass die Wahl dieses Berufes nicht seinen Interessen entspricht, sondern mehr eine Verlegenheitsentscheidung ist. Das finden wir in dem Gespräch heraus.

Es ist wichtig, dass das Gespräch ganz entspannt geführt wird. Es ist ja keine Prüfung. Zunächst bitte ich die Bewerber, sich persönlich vorzustellen. Da geht es mehr um die Art und Weise, wie sie erzählen. Dann will ich wissen, ob sie etwas über unseren Beruf wissen. Und natürlich auch, warum sie gerade diesen Beruf ergreifen wollen und warum sie sich bei uns bewerben. Haben sie sich mit dem Beruf gründlich auseinandergesetzt? Fragen nach den privaten Vorlieben und Interessen, Hobbys und Freizeitaktivitäten schließen das Gespräch ab. Für uns ist es auch interessant, ob sich die Bewerber in der Freizeit sinnvoll beschäftigen können und wie sie sich ihrer Umwelt gegenüber verhalten. Die Bewerber müssen sich darüber im Klaren sein, dass sie den Betrieb von ihrer Eignung für die Ausbildung überzeugen müssen. Dazu müssen sie uns von ihren Stärken überzeugen, aber auch zu ihren Schwächen stehen."

Tipps zur Vorbereitung

- Versuche, den Betrieb/Arbeitsplatz möglichst anzusehen und dich über ihn zu erkundigen.
- Bereite die in der „Checkliste" aufgeführten Unterlagen zum Mitnehmen vor.
- Ziehe saubere Kleidung an, die nicht zu modern und nicht zu ausgefallen ist.
- Sei unbedingt pünktlich. Mache dich frühzeitig auf den Weg.
- Wenn du im Betrieb angekommen bist, nenne deinen Namen und den Grund des Kommens. Dann wird man dir gern weiterhelfen!

Tipps für das Gespräch selbst

- Wenn dein Gesprächspartner dich mit Händedruck begrüßt, gib ihm deine Hand eher ein wenig fester als zu lasch – ohne ihm allerdings gleich die Knochen zu brechen.
- Natürliches Auftreten macht den besten Eindruck. Gib dich so, wie du bist, ohne zu schauspielern. Du solltest nicht Kaugummi kauen oder die Hand in der Tasche haben. Tritt nicht zu lässig auf, aber durchaus selbstbewusst.
- Wenn dir ein Platz angeboten wird, setze dich aufrecht und lege Arme und Hände locker auf den Tisch.
- Überlasse dem Gesprächspartner die Gesprächsführung. Schaue ihm in die Augen, höre gut zu und gehe auf die gestellten Fragen ein.
- Stelle eigene Fragen, wenn du dazu aufgefordert wirst oder wenn eine Frage an eine deiner Antworten direkt passt.

Der äußere Eindruck entscheidet mit

Wenn man zu einem Vorstellungsgespräch eingeladen wird, ist man bereits in der engeren Wahl und hat gute Chancen, einen Ausbildungsplatz zu erhalten. Nun entscheidet oft der persönliche Eindruck, den der Bewerber macht. Dabei wird man schon in den ersten Augenblicken des Gesprächs bewertet. Man kann diesen ersten Eindruck durch sein äußeres Erscheinungsbild, sein Outfit, beeinflussen.

①

②

③

④

⑤

⑥

⑦

⑧

Fragen, die oft gestellt werden

- Warum wollen Sie gerade diesen Beruf erlernen?
- Wo und in welcher Form haben Sie sich über den Beruf informiert?
- Was sagen Ihre Eltern zu Ihrer beruflichen Entscheidung?
- Was machen Ihre Eltern beruflich?
- Wo sind Sie aufgewachsen?
- Welche Tätigkeiten stellen Sie sich bei diesem Beruf vor?
- Warum haben Sie sich gerade bei unserer Firma beworben?
- Wie stellen Sie sich Ihre Zukunft vor? Was sind Ihre Vorstellungen für die Zeit nach Ihrer Ausbildung (Pläne, Ziele usw.)?
- Was machen Sie in Ihrer Freizeit? Welche Hobbys haben Sie?
- Lesen Sie gerne? Was lesen Sie? Lesen Sie regelmäßig die Tageszeitung?
- Schauen Sie sich Nachrichtensendungen im Fernsehen an?
- Welche Politiker kennen Sie? (Hier können sich im Übrigen andere Fragen aus Politik, Wirtschaft und dem aktuellen Tagesgeschehen anschließen.)
- Welche Anforderungen wird nach Ihrer Meinung dieser Beruf an Sie stellen?
- Fragen rund um die Schule (Name, Lieblingsfächer usw.)

Aufgaben

1 Welche Hinweise zum Vorstellungsgespräch kannst du aus den Aussagen der Ausbilderin entnehmen? Notiere.

2 Handwerksbetrieb, Arztpraxis, Bank, Kfz-Werkstatt, Werbeagentur, Kindergarten: Welche Kleidung ist passend für welches Vorstellungsgespräch? Diskutiert darüber.

3 Überlege, was du auf die Fragen oben antworten würdest.

M Methode: Rollenspiel

Ein Rollenspiel hilft, sich auf Situationen in der Wirklichkeit vorzubereiten. Man übernimmt dabei eine Rolle und spielt das Verhalten in einer vorgegebenen Situation. Der Rollenspieler muss sich also in die Lage eines anderen versetzen und versuchen, dessen Ansichten und Interessen im Spiel zu verdeutlichen. Wichtig ist, dass die Rollenspiele in der Klasse nicht nur dargestellt, sondern auch beobachtet und anschließend besprochen werden.

Vorbereitung

Zunächst wird die Ausgangslage gemeinsam besprochen, z. B. welche Ansichten, Einstellungen, Wünsche, Ängste die am Rollenspiel beteiligten Personen haben. Dann werden die Rollen verteilt, am besten auf Gruppen in der Klasse. Jede Gruppe überlegt sich für ihre Rolle Argumente und Verhaltensweisen. Die Gruppe wählt dann einen Spieler oder eine Spielerin. Manchmal gibt es auch Rollenkarten mit genauen Hinweisen, wie die jeweilige Rolle zu spielen ist. Die am Rollenspiel nicht als Spieler beteiligten Schülerinnen und Schüler erhalten Beobachtungsaufträge.

Durchführung

Die Szene wird von den Spielern möglichst ohne Unterbrechung gespielt. Die anderen beobachten das Rollenspiel und machen sich Notizen. Beobachtungsaufträge für die zuschauenden Schüler können sein:

- Was war gut am Rollenspiel, was besonders gelungen?
- Haben die Spieler ihre Rollen glaubwürdig gespielt?
- Ist das Rollenspiel so verlaufen, wie es während der Vorbereitung abgesprochen wurde?
- Was könnte das nächste Mal besser gemacht werden?

Auswertung

Bei der Auswertung geht es nicht darum zu diskutieren, wie gut die schauspielerische Leistung war, sondern wie mit dem Problem umgegangen wurde. Zunächst äußern sich die Spieler, wie es ihnen beim Spiel ergangen ist, wie sie sich dabei gefühlt haben, was ihnen Probleme bereitet hat. Dann berichten die Beobachter, was ihnen am Spiel besonders aufgefallen ist. Es kann sinnvoll sein, das Rollenspiel zu wiederholen.

87.1 Rollenspiele helfen, sich auf verschiedene Situationen vorzubereiten.

Hinweise zu diesem Rollenspiel

- In der Klasse wird der Rahmen des Rollenspiels festgelegt: Namen und Art des Betriebs, Ausbildungsberuf, um den es geht, usw.
- Die Gruppe „Bewerber" überlegt sich, welche Angaben ihr Spieler verwenden soll: Schulbildung, Noten, Praktika usw.
- Die Gruppe „Betrieb" legt fest, ob sie mit einem oder zwei Spielern (Personalleiter- oder Ausbildungsleiter) das Vorstellungsgespräch führen will. Wenn es zwei sind, wird abgesprochen, wer welche Fragen stellt.

Aufgabe

Führt einige Vorstellungsgespräche als Rollenspiele durch.

Gesetzliche Regelungen zur Berufsausbildung

Das Bewerbungsverfahren war erfolgreich, wenn man eine Zusage des Ausbildungsbetriebes bekommt. Nun wird ein Berufsausbildungsvertrag, kurz Ausbildungsvertrag, zwischen dem Betrieb und dem neuen Auszubildenden geschlossen. Dieser Vertrag regelt das Ausbildungsverhältnis. Nur schriftlich abgeschlossene Ausbildungsverträge sind durch das Berufsbildungsgesetz geschützt. Darin sind die gesetzlichen Regelungen für die Berufsausbildung festgelegt. Die jeweilige Ausbildungsordnung regelt die Inhalte und den zeitlichen Ablauf der Ausbildung. Für Auszubildende unter 18 Jahren gilt zusätzlich das Jugendarbeitsschutzgesetz.

Grundlegende Rechte der Auszubildenden

- Recht auf Ausbildung durch den Ausbildungsbetrieb
- Fürsorgepflicht des Ausbildungsbetriebs
- kostenlose Bereitstellung aller Ausbildungsmittel durch den Ausbildungsbetrieb, die im Betrieb erforderlich sind
- Aushändigung der Ausbildungsordnung durch den Ausbildungsbetrieb
- Anspruch auf angemessene Vergütung (meist im Tarifvertrag festgelegt)
- Freistellung des Auszubildenden für den Besuch der Berufsschule und für Prüfungen
- Bezahlung der Vergütung auch bei Freistellung des Auszubildenden für den Besuch der Berufsschule oder für Prüfungen
- Recht auf Urlaub (den Urlaubszeitpunkt bestimmt der Ausbildungsbetrieb)
- Kündigungsrecht während der Probezeit ohne Angabe von Gründen
- Ausbildungsfremde Tätigkeiten müssen nicht übernommen werden

Grundlegende Pflichten der Auszubildenden

- Die wichtigste Pflicht ist die Pflicht, zu lernen.
- Mit den Ausbildungsmitteln, den Werkzeugen, Werkstoffen und Betriebseinrichtungen des Ausbildungsbetriebes muss sorgsam umgegangen werden.
- Es sind die Regeln und die Betriebsordnung des Ausbildungsbetriebes zu beachten.
- Die Weisungen und Anordnungen des Ausbilders beziehungsweise des Vorgesetzten sind zu befolgen.
- Betriebs- und Geschäftsgeheimnisse dürfen nicht weitergegeben werden.
- Am Berufsschulunterricht und den entsprechenden Prüfungen muss teilgenommen werden.
- Schriftliche Ausbildungsnachweise (Berichtsheft) sind sorgfältig zu führen und regelmäßig dem Ausbilder vorzulegen.
- Fernbleiben vom Betrieb und der Berufsschule zum Beispiel wegen Krankheit muss unverzüglich gemeldet werden.

Kein Schnaps für den Lehrling

Was ein Azubi zu tun und zu lassen hat, ist einerseits gesetzlich geregelt, und zwar vor allem im 2005 neu gefassten Berufsbildungsgesetz (BBiG) sowie im Jugendarbeitsschutzgesetz (JArbSchG). Da ist zum Beispiel geregelt, dass Jugendliche, auch wenn sie älter als 16 Jahre sind, keinen Schnaps im Ausbildungsbetrieb bekommen dürfen (§ 31 JArbSchG). Andererseits gibt es den jeweiligen Ausbildungsvertrag. Darin sind vor allem die Dauer der Ausbildung, die Höhe der Ausbildungsvergütung, die Arbeitszeit sowie die Urlaubstage geregelt.

Jugendliche dürfen nicht mehr als 8 Stunden am Tag und 40 Stunden in der Woche arbeiten. Und: Pausen müssen sein. Die Dauer der Pausen hat das Jugendarbeitsschutzgesetz geregelt: Bei bis zu 6 Stunden Arbeitszeit am Tag sind dem Azubi 30 Minuten zu gewähren. Muss er länger arbeiten, sind es 60 Minuten. „Als Ruhepause gilt nur eine Arbeitsunterbrechung von mindestens 15 Minuten", heißt es dazu im Gesetz. Ein Ausbilder, der sich nicht um die Freizeitansprüche schert, kann sich sogar strafbar machen (§ 58 JArbSchG).

Auch die Mindestanzahl der Urlaubstage hat der Gesetzgeber festgelegt – und zwar so: Je jünger der Azubi, desto höher ist die Anzahl der Urlaubstage, die ihm zustehen. Ist der Jugendliche unter 16, hat er Anspruch auf mindestens 30 Werktage im Jahr. Diese Zahl nimmt mit steigendem Alter ab. Der 17-Jährige etwa kann nur noch 25 Tage Urlaub beanspruchen (§ 19 JArbSchG). Im Tarif- oder Arbeitsvertrag ist möglicherweise jedoch ein höherer Urlaubsanspruch festgelegt.

Ein wichtiger Punkt im Ausbildungsvertrag ist die Probezeit. Sie beträgt mindestens einen Monat, darf aber nicht länger als vier Monate dauern. In dieser Zeit können sowohl der Ausbilder als auch der Azubi ohne Angabe von Gründen kündigen. Stellt der Auszubildende fest, dass er einen anderen Beruf erlernen möchte, kann er noch nach der Probezeit die Ausbildung abbrechen (Sonderkündigungsrecht). Der Ausbildungsbetrieb allerdings kann nach der Probezeit nur noch bei schweren Verstößen des Azubis kündigen, zum Beispiel wegen eines Diebstahls.

Das Berichtsheft, das der Azubi während seiner Lehrzeit führen muss, dient als Ausbildungsnachweis. Ohne dessen Vorlage kann der Lehrling am Ende seiner Ausbildung nicht an der Abschlussprüfung teilnehmen. […]

Zu den weiteren Pflichten des Azubis gehört der regelmäßige Besuch der Berufsschule. Das zählt als bezahlte Arbeit. Übersteigt der Unterricht fünf Unterrichtsstunden, so muss ein minderjähriger Auszubildender danach nicht mehr bei seinem Ausbildungsbetrieb erscheinen. Allerdings gilt dies nur für einen Tag in der Woche.

Der Ausbilder ist verpflichtet, den Lehrling innerhalb einer im Ausbildungsvertrag festgelegten Frist zu informieren, ob er in eine Festanstellung übernommen wird. Wird ein Azubi nach der Abschlussprüfung auch nur einen einzigen Tag weiterbeschäftigt, hat er übrigens bereits einen unbefristeten Job in der Tasche (§ 24 BBiG). *ftx*

(aus: Hannoversche Allgemeine Zeitung, 11.8.07, S. III/1)

Aufgaben

Informiere dich im Onlineportal „planet-beruf.de" weiter über gesetzliche Regelungen zur Berufsausbildung. Gehe dazu in der linken Navigationsleiste auf die Rubrik „Ausbildung – so läuft's" und dann auf die Unterrubrik „Recht und Finanzen".

Problemsituationen während der Ausbildung

Konflikte

Jeder Beschäftigte hat Vorstellungen davon, wie er seine Aufgaben zu erledigen hat. Man bezeichnet sie als Rollen. Gleichzeitig hat er bestimmte Erwartungen an seine Arbeitskollegen und die Chefs (Rollenerwartungen). Umgekehrt haben auch diese Erwartungen an die betrieblichen Mitarbeiter. Zudem sind mit der Rolle des Auszubildenden ebenso viele Erwartungen verbunden. Widersprechen sich Rollenerwartungen, kommt es zu Konflikten. In Betrieben, in denen es auf gute Zusammenarbeit aller ankommt, sind Konflikte nicht auszuschließen. Sie sind möglich zwischen Vorgesetzten und der Belegschaft als auch zwischen den Mitarbeitern untereinander.

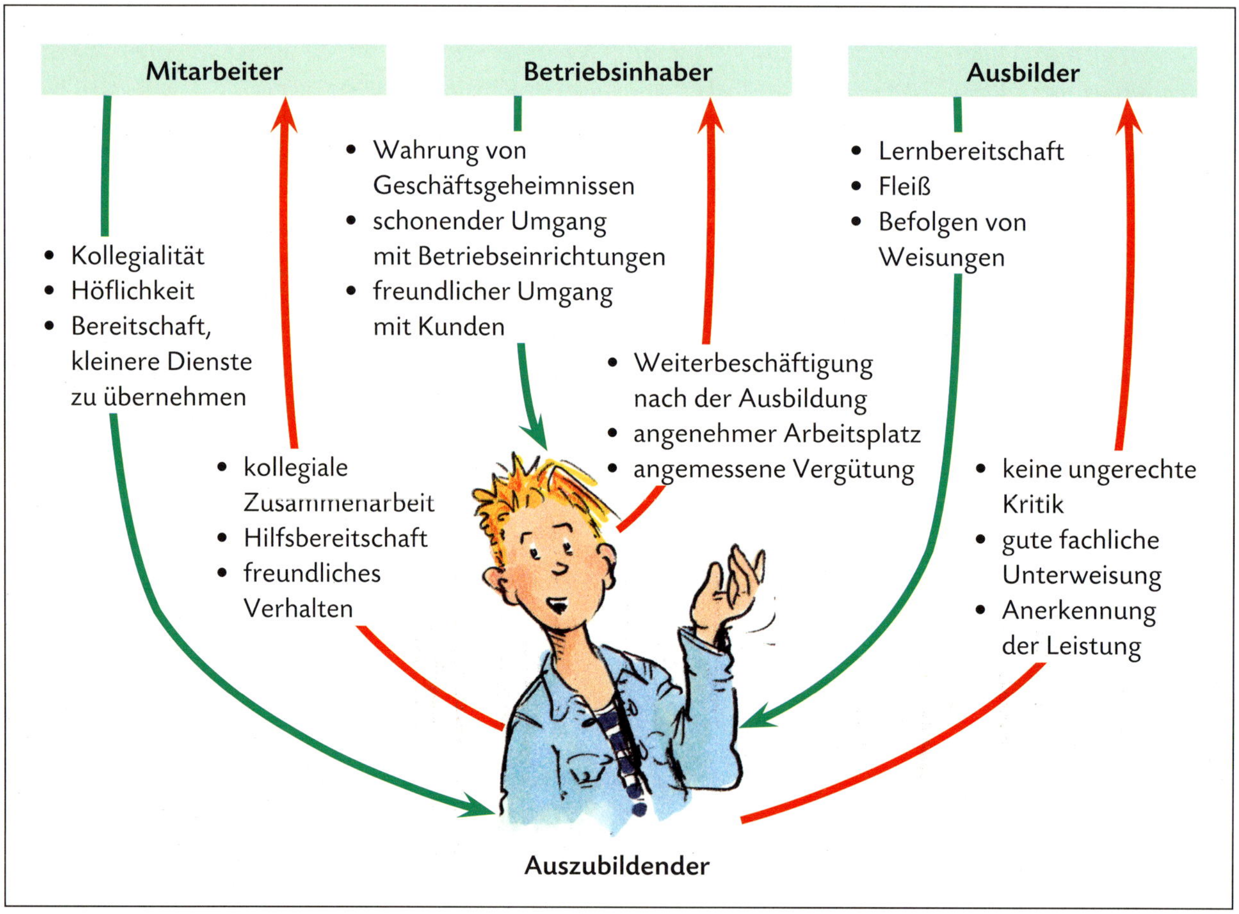

Aufgaben

1 „Für Auszubildende hat es nur Nachteile, dass es eine Probezeit gibt!" Was meinst du zu dieser Aussage? Notiere.

2 Überlege dir anhand der Grafik oben einen möglichen Konflikt, den ein Auszubildender im Betrieb haben könnte. Beschreibe diesen Konflikt und skizziere Lösungsmöglichkeiten.

Schwänzen, frech sein, schrilles Outfit – das geht nicht

Wie gewonnen, so zerronnen – so kann es für Azubis heißen, wenn sie eine Lehrstelle ergattern und sich dann gleich danebenbenehmen. Denn in der Probezeit darf der Chef sie ohne Angabe von Gründen jederzeit fristlos kündigen. Sie dauert laut dem Berufsbildungsgesetz zwischen einem und vier Monaten. Für Auszubildende gilt es daher, sich in dieser Zeit besonders am Riemen zu reißen.
Fehlt der Azubi unentschuldigt, kann das schon zur Trennung führen. „Deshalb sollte der Vorgesetzte immer informiert werden", rät der Arbeitsrechtler Michael Eckert aus Heidelberg. Ähnlich ist es im Krankheitsfall: „Der Chef muss unverzüglich über die Arbeitsunfähigkeit und deren voraussichtliche Dauer informiert werden", sagt Gerd Woweries von der Industrie- und Handelskammer (IHK) Berlin. Spätestens wenn der Azubi länger als drei Kalendertage fehlt, ist ein ärztliches Attest vorzulegen. Versäumt er es, sich abzumelden, oder verschludert er die Krankschreibung, gilt das offiziell als Schwänzen. Das kann eine Abmahnung nach sich ziehen. „Auch eine Kürzung der Ausbildungsvergütung ist in diesem Fall möglich." Entscheidend in so einer Situation ist auch, welchen Eindruck der Auszubildende generell macht.
So stehen seine Chancen schlecht, dass der Chef bei Verstößen Gnade vor Recht ergehen lässt, wenn er sich desinteressiert zeigt und den Stift fallen lässt, sobald die Arbeitszeit endet. „Das demonstriert nicht gerade Liebe zum Beruf", sagt Woweries. Besser sei es, ein Projekt auch mal bis zum Schluss zu verfolgen, selbst wenn das über den üblichen Zeitaufwand hinausgeht. Das bringt Anerkennung bei den Kollegen – und die ist wichtig als Polster für Krisenzeiten.
Sind angehende Handwerker oder Versicherungsleute unzufrieden, dürfen sie nicht trotzig reagieren. Denn sie handeln sich Ärger ein, wenn sie dem Ausbilder gegenüber frech werden oder ihn gar lächerlich machen – erst recht, wenn das vor Kunden passiert. Denn spätestens bei Tätigkeiten mit Kundenkontakt hört der Spaß auf.
Lehrlinge sollten sich auch nichts zuschulden kommen lassen, wenn es um die Arbeitssicherheit und Betriebsvorschriften geht. Ohne Helm auf der Baustelle einzulaufen sei dabei nicht weniger bedenklich, als die Hygieneregeln in der Großküche zu missachten, mahnt Woweries.
Auch äußerliche Veränderungen sollten gut überlegt sein, rät Rechtsanwalt Eckert, der Mitglied im Vorstand des Deutschen Anwaltsvereins ist. Denn nicht jeder Chef sieht es gerne, wenn die angehende Kauffrau bauchfrei im Büro erscheint. Garantiert daneben sei es, nach dem Wochenende mit gefärbten oder rasierten Haaren und Piercing in der Kanzlei zu erscheinen. „Der Lehrling muss das Ansehen des Jobs und des Unternehmens wahren", erklärt Eckert. In manchen Ausbildungsverträgen sind Kleiderordnungen klar geregelt.
Eine Todsünde sind strafrechtliche Delikte wie ein Diebstahl – selbst wenn es um Kleinigkeiten geht. Nimmt ein Einzelhandelslehrling nur einen Euro aus der Kasse oder lässt der angehende Koch eine Frikadelle mitgehen, droht die Kündigung. „Das Vertrauensverhältnis kann dadurch komplett zerstört werden", erläutert Woweries.
Auszubildende dürften keine Betriebs- oder Geschäftsgeheimnisse weiterverbreiten, warnt Martin Warm, Fachanwalt für Arbeitsrecht aus Paderborn. Spricht ein Banklehrling auf dem Schützenfest über Kundendaten oder stellt sie ins Internet, untergräbt er damit die Vertrauenswürdigkeit des Arbeitsgebers. Verschwiegenheit ist auch in medizinischen Berufen wie dem Zahnarzthelfer oder Rettungsassistenten Pflicht.
Entlässt der Arbeitgeber einen Auszubildenden in der Probezeit, sind dafür zwar keine Gründe anzugeben, die Kündigung muss aber schriftlich erfolgen, erläutert Warm. *dpa*

Keine Lehrstelle – und dann?

Ⓓ Ich habe da etwas von einer sogenannten „Einstiegsqualifizierung“ gehört. Das ist ein längeres bezahltes Praktikum für Jugendliche ohne Ausbildungsplatz. Schulabgängern, die nur schwer eine Ausbildungsstelle finden, soll die Einstiegsqualifizierung den Weg zum Beruf ebnen. Betriebe, die solche Praktika anbieten, können feststellen, dass manche Bewerber mit nicht so tollen Noten durchaus handwerklich geschickt sind und praktische Fähigkeiten haben. Vielleicht entsteht dann aus dem Praktikum eine Arbeitsstelle oder sogar eine Ausbildung. Mein Tipp: Rede mit deinem Berufsberater, ob er so etwas für dich hat.

Ⓐ Vielleicht war deine Bewerbung nicht so gut. Lass doch deine Bewerbungsunterlagen von einer anderen Person, zum Beispiel von einer Lehrkraft oder von einem Berufsberater, überprüfen. Die finden vielleicht Fehler oder Schwachstellen, die du übersehen hast.

92.1 Sascha hat sich bei verschiedenen Autohäusern der Stadt um eine Ausbildungsstelle als Kraftfahrzeugmechatroniker beworben, bisher aber nur Absagen erhalten.

Ⓑ Begrenze deine Suche nach einem Ausbildungsplatz nicht nur auf deinen Heimatort. In einer anderen Stadt oder einer anderen Region gibt es auch Betriebe, die ausbilden. Dort hast du vielleicht Chancen.

Ⓒ Zu jedem Beruf gibt es Alternativen. Wenn du zum Beispiel mit Autos zu tun haben willst, kommt nicht nur der Kfz-Mechatroniker infrage. Du könntest auch eine Lehrstelle als Kfz-Servicemechaniker, Automobilkaufmann oder Karosserie- und Fahrzeugbaumechaniker suchen.

Ⓔ Es bringt doch nichts, wenn du ein Jahr wartest, bis vielleicht neue Ausbildungsplätze angeboten werden. Es gibt Möglichkeiten, solche Wartezeiten sinnvoll zu überbrücken, beispielsweise durch das sogenannte „Freiwillige Soziale Jahr“. Da kannst du in gemeinnützigen Organisationen und karitativen Einrichtungen praktische Arbeit leisten. Gezahlt wird zwar nur eine Art „Taschengeld“, aber du machst Erfahrungen und nützt die Wartezeit sinnvoll. Es gibt auch das „Freiwillige Ökologische Jahr“ und seit der Aussetzung der Wehrpflicht den „Bundesfreiwilligendienst“. Über diese Möglichkeiten kannst du dich im Onlineportal „planet-berufe.de“ informieren. Du musst dort nur auf der linken Navigationsleiste die Rubrik „Sinnvoll überbrücken“ und dann die Unterrubrik „Einsatz lohnt sich“ anklicken.

Aufgaben

1 Kennzeichne jede der genannten fünf Möglichkeiten durch eine knappe, treffende Aussage.

2 Welche der fünf Möglichkeiten würdest du Sascha empfehlen? Begründe warum.

M Methode: Brainstorming

Wie stellen wir uns die berufliche Zukunft vor?
In einer Klasse oder Gruppe wird man immer wieder versuchen, zu einer Frage oder Problemstellung möglichst viele Ideen und Gedanken zusammenzutragen. Dafür eignet sich eine Gesprächsform, die man „Brainstorming" nennt. Übersetzt heißt das so viel wie „Gedankensturm". Brainstorming ist eine Methode, die jeden in einer Gruppe dazu bringen soll, spontan seine Gedanken zu äußern. So soll eine Ideensammlung entstehen, die dann gemeinsam diskutiert wird. Beim Brainstorming gelten drei Regeln:

1. Jeder in der Gruppe darf das sagen, was ihm zur Frage durch den Kopf geht, auch wenn der Gedanke ungewöhnlich ist.
2. Es ist verboten, eine Äußerung sofort zu kritisieren oder zu bewerten. Das würde den Gedankenfluss in der Gruppe hemmen. Erst wenn alle ihre Ideen eingebracht haben, wird darüber diskutiert.
3. Jeder darf Ideen von anderen aufgreifen, ergänzen oder weiterentwickeln.

Ein Brainstorming kann auf unterschiedliche Weise durchgeführt werden. Die einfachste Form ist die, jede Schülerin und jeden Schüler in der Klasse der Reihe nach das sagen zu lassen, was ihr bzw. ihm zur Frage einfällt. Das geht rasch, allerdings weiß später in der Auswertungsphase nicht mehr jeder, was alles gesagt worden ist. Deswegen ist es oft sinnvoll, die Äußerungen schriftlich festzuhalten.

Das kann so geschehen, dass zwei vorher bestimmte Schülerinnen bzw. Schüler abwechselnd die Äußerungen stichwortartig notieren, beispielsweise an der Tafel oder auf einer Folie für den Tageslichtprojektor. Es kann auch jeder seine Gedanken in Kurzform auf ein Blatt oder Kärtchen schreiben. Diese Notizen werden laut vorgelesen und dann an die Tafel oder Pinnwand geheftet.

Aufgabe

Führt das Brainstorming „Wie stellen wir uns die berufliche Zukunft vor?" in der Klasse durch.

Lebenslang lernen

„Am Ende meiner Ausbildung als Dreher hatte ich mich gefreut: Endlich gibt es nichts mehr zu lernen, keine Schule mehr, keine Klassenarbeiten und keine Angst vor den Noten.
Während meiner Ausbildung hatte ich alles gelernt, was ich als Geselle für meinen Beruf benötigte. Ich musste viel von Hand machen.
Mit der Freude, nichts mehr lernen zu müssen, war es schnell vorbei. Ich hatte noch nicht lange als Geselle gearbeitet, da kamen die neuen elektronischen Kopierdrehmaschinen zum Einsatz. Den Umgang mit den Maschinen musste ich erst einmal in einem Kurs lernen, der von meinem Betrieb organisiert wurde. Und einige Jahre später musste ich mir die Kenntnisse aneignen, wie man eine CNC-Maschine programmiert. Zusätzlich zur Weiterbildung, die mein Betrieb durchführte, ging ich noch in einen Volkshochschulkurs. Ohne das ständige Lernen könnte ich heute nicht in meinem Beruf arbeiten."

94.1 Auch der Beruf des Drehers entwickelt sich immer weiter.

„Meine Ausbildung zur Friseurin hatte ich erfolgreich abgeschlossen und einige Jahre bei ‚Hair-Mod' gearbeitet. Als wir unser erstes Kind bekamen, habe ich aufgehört zu arbeiten. Nach meiner mehrjährigen Familienpause wollte ich zurück in meinen Beruf. In der Zwischenzeit hat sich allerdings viel verändert. Neue Schnitttechniken wurden entwickelt, neue Haarfärbemethoden und Färbechemikalien wurden eingesetzt. Ich nahm an einem Weiterbildungskurs der Arbeitsagentur teil, um wieder auf den neuesten Stand in meinem erlernten Beruf zu kommen.
Ich hatte mir auch überlegt, an Kursen teilzunehmen, um mich als Kosmetikerin ausbilden zu lassen. Dieser Beruf würde mir auch gefallen."

„Fünf Jahre hatte ich bereits nach meiner Ausbildung zur Kauffrau im Einzelhandel in einem Kaufhaus gearbeitet. Meinen Chef hatte ich gebeten, dass er mich in verschiedenen Abteilungen einsetzt. Dabei habe ich praktisch am Arbeitsplatz durch Beobachten viel gelernt. An der Volkshochschule habe ich mich in PC-Kursen in die spezielle Betriebssoftware eingearbeitet. Vor einem Jahr wurde ich zur stellvertretenden Abteilungsleiterin befördert. Mein Chef riet mir dann, dass ich mich für Fortbildungen in Personalführung, die vom Betrieb angeboten werden, bewerben sollte. Als Abteilungsleiterin würde ich auch mehr verdienen."

„Es gelang mir nicht, in meinem Wunschberuf ‚Informationselektronikerin' einen Ausbildungsplatz zu bekommen. Wahrscheinlich lag es daran, dass die meisten Betriebe einen mittleren Bildungsabschluss verlangten, obwohl er eigentlich nicht vorgeschrieben war. Eine Ausbildung machte ich in einem anderen Beruf, als Fachlageristin. Nach der Ausbildung wurde ich zwar im Betrieb übernommen, aber so richtig zufrieden bin ich mit dem Beruf nicht. Jetzt versuche ich, einen höheren Schulabschluss an der Abendschule nachzuholen."

„Während meiner Ausbildung zur ‚Fachkraft im Gastgewerbe' stellte ich sehr schnell fest, dass ich mich mit ausländischen Gästen nur schlecht verständigen konnte. So begann ich während meiner Ausbildung mit Sprachkursen bei der Volkshochschule. Diese Zusatzqualifikation hat meine Chancen nach der Ausbildung bei Bewerbungen verbessert. Als ich dann mehr Geld verdiente als noch in der Ausbildung, machte ich einen weiteren Kurs bei einer Fortbildungsfirma. Das kostete zwar etwas Geld, aber die Gruppen waren sehr klein und der Kurs sehr gut."

Der Bildungspass

Für den Lebensweg ist es sinnvoll, die auf unterschiedliche Weise erworbenen Kenntnisse und Fähigkeiten zu dokumentieren. Zu diesem Zweck sollten Schülerinnen und Schüler einen Bildungspass führen. Er unterstützt das lebenslange Lernen und gehört zu einem System von Portfolio, Beratung und Qualifizierung. Solch ein Pass kann von jedem geführt werden. Dazu gibt es auch Hilfen durch Kurse, zum Beispiel an den Volkshochschulen.

In der Regel ist ein Bildungspass wie folgt aufgebaut:

1. Mein Leben – ein Überblick
Zunächst geht es darum, einen Blick auf das eigene Leben zu werfen: An welchen unterschiedlichen Orten und in welchen Zusammenhängen war ich tätig, und was scheint mir davon heute wichtig zu sein?

2. Meine Tätigkeitsfelder – eine Dokumentation
Im Mittelpunkt des Passes stehen die einzelnen Tätigkeitsfelder wie Hobbys und Interessen, Haushalt und Familie, Schule, Berufsausbildung, Arbeitsleben, Ehrenamt und besondere Lebenssituationen: Welche dieser Felder sind für mich besonders bedeutsam? Welche Aktivitäten und einzelnen Tätigkeiten habe ich dort ausgeführt, welche Fähigkeiten und Kompetenzen sind damit verbunden und wie bewerte ich sie?

3. Meine Kompetenzen – eine Bilanz
Hier gilt es, aus dem Überblick über die eigenen Kompetenzen eine Bilanz zu ziehen: Wo liegen meine besonderen Stärken?

4. Meine Ziele und die nächsten Schritte
Hier geht es um die privaten und beruflichen Ziele, die auf der Grundlage der ermittelten Kompetenzen formuliert werden: Was kann und was möchte ich beruflich und in der Freizeit gerne tun, welche Interessen möchte ich in der Zukunft weiterverfolgen?

Ergänzungen
An dieser Stelle können Zeugnisse, Teilnahmebescheinigungen und andere Nachweisformen aufbewahrt werden, um sie je nach Verwendungszweck zielgerichtet zusammenstellen zu können. Außerdem finden sich dort Hinweise auf Möglichkeiten, wie man die eigenen Kompetenzen überprüfen lassen kann. Zudem gibt es zahlreiche Tipps für Bewerbungen und viele weitere Informationen.

(nach: www.profilpass-online.de)

Bildungspass

Meine Tätigkeitsfelder

Schule
Werkrealschule

Berufsausbildung
Ausbildung zum Kfz-Mechatroniker, Ausbildung zum Kaufmann für Spedition und Logistikdienstleistung

Wehrdienst, Zivildienst, freiwilliges Jahr
Zwölf Monate Wehrdienst

Interessen und Hobbys
Autos, Computer, Basteln

Haushalt und Familie
3-Personen-Haushalt, Kind mit betreuen, Alltag organisieren

Arbeitsleben
Praktikum in einem Kfz-Betrieb, Kaufmann in einer Spedition

Besondere Lebenssituationen
Ein Jahr krank infolge eines Autounfalls

Sonstiges
Freiwillige Feuerwehr

Aufgaben

1 Welche Formen der Weiterbildung werden in den aufgeführten Beispielen angesprochen?

2 Stelle die Gründe zusammen, warum Weiterbildung im Beruf sinnvoll oder sogar nützlich ist.

action press , Hamburg: 11 (CONTRAST PHOTO GMBH); adpic Bildagentur, Bonn: 9 (A. Trautmann); Anders ARTig Werbung + Verlag GmbH, Braunschweig: 82; ARD Foto, Köln: 11; az.text, Hannover: 6, 6, 22, 22, 32, 32, 33 2, 34, 34, 56, 56; BIBB, Berlin: 61; Bundesagentur für Arbeit, Nürnberg: 28, 30 002; Deiseroth, Dieter, Niederaula: 9; dpa Infografik GmbH, Frankfurt: 67 1, 67 2, 70 1, 70 2; Druckerei Wolf, Asperg: 58; Druwe & Polastri, Cremlingen/Weddel: 25, 30 001, 31, 39, 42, 48, 80, 92; Dägling, Andreas, Wardenburg: 37, 64 01; Eckert-Schweins, Werner, Ingolstadt: 93; Fabian, Michael, Hannover: 33, 50 u. l., 64 003; Feldhaus, Hans-Jürgen, Münster: 18, 19, 44, 49, 49, 49, 51, 52, 60, 90; fotolia.com , New York: 8 (Eppele), 49; Getty Images, München: 58; Henzler, Frank, Esslingen am Neckar: 36, 36, 36, 36, 40, 54; imagetrust, Koblenz: 40 u.l. (Franz Bischof); Indrich, Robert, Weilheim: 55 o. r.; Keystone Pressedienst, Hamburg: 9 (Volkmar Schulz); Klüppel, Ulrike, Gechingen: 87; Kohn, Klaus G., Braunschweig: 33 001, 73 o. r., 74, 74; Köcher, Ulrike, Hannover: 73 u. m.; mauritius images, Mittenwald: 73 u. l.; Minkus IMAGES, Isernhagen: 8, 12; OKAPIA KG Michael Grzimek & Co., Frankfurt: 49 (Wolfgang Weinhäupl); Picture-Alliance, Frankfurt/M.: 9 (Peer Grimm/dpa-Report), 9, 9 (ZB/ J. Büttner), 20, 40 u. r. (dpa/Gero Breloer), 40 u. r. (dpa/U. Perrey), 65 (ZB, S. Füssel); Schönauer-Kornek, Sabine, Wolfenbüttel: 14; Stiebritz, A., Karlsruhe: 77, 86, 86, 86, 86, 86, 86, 86, 86; Strothmann Bielefeld, Bielefeld: 94; Studio Schmidt-Lohmann, Hannover: 9; ullstein bild, Berlin: 9; vario images GmbH & Co. KG, Bonn: 64, 73 u. r.; Wagner, Amberg: 73 o. l.; Wedekind, Hamburg: 9; Werbefotografie Weiss GmbH, Gersthofen: 13; Westermann-Archiv, Braunschweig: 49, 49, 49, 49; Wolf, H.-U., Steinheim: 10.